111 GRÜNDE, GRIECHENLAND ZU LIEBEN

Das Titelbild des Buches zeigt die Überfahrt
von Skala Prinou auf Thasos nach Kavala.

Jörg Martin Dauscher

111 Gründe, Griechenland zu lieben

Eine Liebeserklärung an
das schönste Land der Welt

Mit Fotografien des Autors

SCHWARZKOPF & SCHWARZKOPF

Inhalt

»Ich liebe dies Griechenland überall.«
Hölderlin, Hyperion

»Warum Griechenland mit der Seele suchen, wenn man auch einfach die Fähre nehmen kann?«
Jorgo Papingji

Prolog

Prolog (griech. Prologos: Vorrede)

Wir waren aus dem Wingert zurückgekommen, noch bevor die Sonne am höchsten stand. Auf dem Tisch stand das zweite Bier, das erste hatten wir bereits auf dem Rückweg geleert. Die Vormittage waren der körperlichen Arbeit gewidmet, ab mittags hatte ich Zeit für das Schreiben. Abends ging es in die Taverne. So lief mein Leben auf Thasos. Ich öffnete den Computer, er verband sich mit dem WLAN. Ich hatte eine neue Mail im Postfach.

»Alex, hier ist eine Anfrage, ob ich die *111 Gründe, Griechenland zu lieben* schreiben kann. Fehlt bislang in der Reihe, sonderbarerweise …«

»Und, wann geht's los?«

»Ey, ich weiß noch gar nicht, ob ich das machen soll …«

»Und wieso nicht?«

»Na, das hier ist doch ein ganz anderes Griechenland. Nix mit weiß getunchten Hauschen, Esel gibts auch keinen mehr und Yannis spricht die ganze Zeit davon, mit den Ziegen aufzuhören. Stamatia will die Taverne verkaufen!«

»Liebst du es denn?«

»Was?«

»Na, dein ›anderes‹ Griechenland.«

»Aber hallo!«

»Na, dann schreib!«

Kapitel 1

Kleine Philosophie der Baustelle

1. Grund

Weil Griechenland ein einziges Klischee ist, oder drei oder vier, vielleicht fünf ...

Martin Pristl hat in seinem 1996 erschienenen Griechenlandbuch darauf hingewiesen, dass zur Bebilderung des nordischen Traums von Griechenland immer der gleiche Strand herhalten muss: Myrtos auf der Ionischen Insel Kefalonia. So herrlich von der Steilküste eingerahmt der blitzeblanke Kieselstrand ist, so unzugänglich ist er auch. Es bedarf wenig Fantasie, sich auszumalen, wie dererlei Bildmaterial streng stereotyp untertitelt wird: »Einsame Buchten, echtes Paradies, makellose Strände, kristallklares Wasser, azurblaues Meer.« Schon das mit dem Azur ist Quatsch, sowohl die Ionische See als auch die Ägäis nehmen an den seichten, ufernahen Stellen einen türkisen Ton an, ein helles, grünliches Blau. Weiter draußen und von der Fähre gut zu sehen, färbt sich die See dunkelblau, fast violett. Einsam sind die wenigsten Buchten und wenn, dann liegt der Grund dafür in deren Unzugänglichkeit. Sie müssen also mit dem Ausflugsboot hin und dann ist es garantiert nicht mehr so einsam. Die weltweite Müll- und Plastikapokalypse sorgt zudem dafür, dass gerade an abgelegeneren Stränden nicht aufgeräumt wird und man sich zum Beispiel an Korfus Westküste im Frühling mit Autoreifen italienischer Provenienz eindecken könnte – von den kleinteiligeren Zeugen des Überkonsums ganz zu schweigen.

Mittels eines abgelegenen Strandes bebildern zu wollen, was einen in Griechenland erwartet, das klappt so gar nicht. Ein Griechenland ohne Gesellschaft – völlig undenkbar! Es ist fast so peinlich wie die gnadenlos übersteuerten Bilder auf Instagram oder den Websites der Billigairlines. Da wird dermaßen am Farbregler gedreht, dass man sich in einer Spielzeugwelt wähnt. Es ist sonderbar, dass in Zeiten digitaler Verfügbarkeit das Bildmaterial eher eindimensionaler geworden ist als vielschichtiger, die Spannbreite der Motive geringer.

Googeln Sie mal »Zakynthos«, das ist eine weitere der Ionischen Inseln, und gehen Sie auf Bildsuche. Was sehen Sie? Ungefähr zwei Drittel der Suchergebnisse bilden die sogenannte Schmugglerbucht samt Schiffswrack ab (*Paralia Navagio*, ursprünglich *Agios Georgios*) – die meisten allerdings außerhalb der Saison, wenn diese nicht von Schiffen belagert wird, der Strand nicht überfüllt ist, keine Paraglider bewaffnet mit GoPros dort hinabschweben und keine Instagramer versuchen gut auszusehen. Der Online-Fame (Note 4,7 auf Google, über 7.000 Bewertungen) ging soweit, dass *Agios Georgios* 2018 zum »besten Strand der Welt« gewählt wurde.

Das dritte Klischee, also das dritte Abziehbild des Griechenlands der Kataloge und der Bildrecherchen, sind weißgetünchte Häuser. Genauer: die Häuschen Santorins. Noch genauer: die weißgetünchte Fassade der Auferstehungskirche von Fira, samt blauer Kuppel und dem Glockenturm. Machen Sie die Probe aufs Exempel, laufen Sie an den Auslagen des nächsten Reisebüros vorbei, studieren Sie Kataloge oder Websites: binnen Minuten wird man Ihnen die Auferstehungskirche liefern und nichts anderes. Diese illustriert zusammen mit den beiden genannten Stränden den Traum von Griechenland, die Idee – aber nicht unbedingt die Wirklichkeit. Die Motive nähren ein Fantasma, dem sich nur durch einen entsprechenden Bildausschnitt gerecht werden lässt. Sie machen den Mythos Griechenlands aus. Das Sonderbare ist, es scheint niemanden zu stören, dass Griechenland den Klischees nicht entspricht, nicht entsprechen kann und das auch gar nicht will – vielleicht weil es in Wirklichkeit noch viel besser ist? Anders, aber besser …

2. Grund

Weil Griechenland ein einziger Mythos ist, nein, hunderte Mythen: weil Griechenland sich aus hunderten von Mythen zusammensetzt! So rum!

Ganz gleich, ob jemand von der Muse geküsst wird, trotz seiner Achillesferse eine Herkulesaufgabe zu erledigen hat, wobei er sich zwischen Skylla und Charybdis entscheiden muss, schließlich den Augiasstall ausmistet, den gordischen Knoten durchschlägt, und ob seines gigantischen Ruhms in den Olymp aufsteigt – immer, aber wirklich immer ist griechische Mythologie im Spiel.

Bis heute spiegeln sich die Sagen und Geschichten des griechischen Altertums in unserer Sprache wider. Sie sind da und sie sind selbstverständlich: Jemand kann wie ein Adonis aussehen und sich trotzdem in eine Amazone verlieben, selbst wenn hinfort ein Damoklesschwert über der Verbindung schwebt. Wer die Büchse der Pandora öffnet, darf sich über Sisyphosarbeit nicht beschweren und wird unter Umständen Tantalosqualen erleiden. … Jemand mag noch nie irgendetwas mit Griechenland am Hut gehabt haben, er führt die griechische Antike doch im Mund, lebt spartanisch, liebt platonisch, antwortet lakonisch, widmet sich stoisch einer Angelegenheit … – und wir haben noch nicht einmal das sonstige Vokabular bemüht: von Pädagogik über Patriotismus und Poesie bis hin zu Philosophie, von Apotheke bis Apostroph und Horizont bis Horoskop. Ohne griechisches Vokabular würde man sich im Deutschen schwertun, weder Bio- noch Ökomarkt stünden einem offen, von Museen und Philharmonie ganz zu schweigen.

Auch viele Sprachbilder gehen auf Mythen zurück, auch wenn einem das heute gar nicht mehr klar ist: Wer eine Gelegenheit beim Schopfe packt, der versucht den Gott der guten Gelegenheit, des günstigsten Zeitpunkts festzuhalten. Kairos war nämlich der Sage nach am Hinterkopf kahlgeschoren, sobald er sich abwandt, gab es nichts mehr zu packen, deshalb muss heute noch der Schopf herhalten.

Vokabular, Sprachbilder und Verschränkungen sind mitnichten auf die deutschen Sprache beschränkt, es betrifft sämtliche europäischen Sprachfamilien, ja Europa selbst!

3. Grund

Weil Griechenland der Ursprung der Welt ist – also unserer europäischen Welt!

Europa kommt der griechischen Mythologie zufolge nicht in Griechenland zur Welt, sondern in Phönizien – also in der Levante. Und zwar als phönizische Königstochter eben diesen Namens, auf die der Göttervater Zeus ein Auge geworfen hatte. Zeus hatte zwar Hera zur Frau genommen, aber das bisschen Ehe hinderte ihn nicht an zahllosen Affären. Das Ganze geschah zu einer Zeit, als die menschliche und die göttliche Sphäre noch nicht so streng geschieden waren, wie wir uns das heute vorstellen. So konnte es schon einmal vorkommen, dass einem ein Gott nachstellte. Mit Hilfe von Hermes (Götterbote, bzw. *partner in crime*) und indem er sich in einen Stier verwandelte, entführte Zeus die schöne Europa und verschleppte sie nach Kreta. Dieser Verbindung entsprangen drei Kinder, darunter der spätere König Minos. Schauen Sie sich einmal das Wasserzeichen der Fünf- oder der Zehn-Euro-Banknote an: Es zeigt das Antlitz jener Europa, so wie man es auf einer antiken Vase gefunden hat.

Dass Prinzessin Europa aus Phönizien stammt, also von jenseits des Mittelmeeres, genauer gesagt dem heutigen Libanon, sollte uns zu denken geben. Denn höchstwahrscheinlich leitet sich ihr Name von *ereb* (Abend) bzw. *erob* (dunkel) ab. Wenn Jahrhunderte später der griechische Chronist Herodot vom Festland ab der Peloponnes und allem Territorium dahinter als Europa schreibt, dann meint er nichts anderes als das Abendland: »Da drüben, dort wo die Sonne untergeht.« Europa ist also jene zusammenhängende Landfläche, über der von den griechischen Inseln aus gesehen die Sonne den täglichen Kreis beendet: Zu Zeiten Herodots größtenteils fremdes Land und *nicht* Teil der frühen Zivilisationen, weil es fern der Verkehrswege und Handelsrouten lag, welche über die Meere und entlang von Flüssen führten. Das Europa der antiken Griechen liegt also jenseits Griechenlands. Heute bezeichnen wir Europa als Kontinent, wenngleich es geographisch betrachtet gar keiner ist, sondern mit Asien ein- und dieselbe Landmasse bildet, die eurasische Platte. Es ist jedoch kein Zufall, dass unser Subkontinent aus griechischer Perspektive definiert und beschrieben wurde. Europa mag uns als kultureller Flickenteppich erscheinen, als ein Wimmelbild an Identitäten, Sprachen und Nationen. Diesen allen aber ist gemein, dass ihr Bezugspunkt, ihr Geburtsstern, das antike Griechenland ist.

Wenn die Griechen heute von Europa reden, schließen sie Griechenland meist aus. Von Nicht-Griechen jedoch, die Europa im Munde führen, wird erwartet, Griechenland eine ganz zentrale Rolle zuzugestehen. Die Republik Hellas wurde 1981 in die Europäische Gemeinschaft aufgenommen, während Griechenland schon immer ein Teil davon war.

4. Grund

Weil wir voreingenommen sind und es sein dürfen

Ist es nicht so, dass wir regelmäßig hören, in Griechenland sei die Demokratie erfunden worden und das Denken – die Künste gleich mit. Geometrie, Algebra, Mathematik, Lyrik und Theater: Die Wiege unserer Welt sei im antiken Griechenland zu finden. Oder zumindest zu suchen. Ich muss so weit ausholen, um zumindest skizzenhaft zu zeigen, wie sehr wir alle vom antiken Griechenland und unserer Vorstellung davon geprägt sind. Wir sind eingenommen von Griechenland, ja voreingenommen, und müssen es dafür noch nicht einmal besucht haben. Zu stark sind die Allgemeinplätze Athen und Akropolis, Santorin und Kykladen, Tavernen, Tanz und Ouzo, als dass man sich davon frei machen könnte, um dem heutigen Griechenland nüchtern zu begegnen. Über die Kaskaden an billigen Neubauten auf dem Weg zwischen Flughafen und Innenstadt blicken wir daher hinweg, ignorieren den Lärm, den Feinstaub, die Enge und die summenden, surrenden Airconditioner des Sommers, ohne die niemand in der Stadtwüste überleben würde. Meist können wir die überall herumliegenden Trümmer irgendwelcher Epochen nur ungenau zuordnen, wir nehmen sie hin, sie sind einfach da – ganz so wie der gastfreundliche Wirt, der die Papiertischdecke ausbreitet und uns mit »Freund« anredet. Wir ignorieren den Irrsinn aus Beton, der ganze Küstenabschnitte ummantelt, nehmen den Raubbau und Wildwuchs als griechische Eigenart hin, die uns ebenso liebenswürdig erscheint, wie die Griechen selbst.

Sobald es nach Griechenland geht, ist es ein bisschen wie Nachhause fahren, heimkommen, zurück zum Ursprung. Es geht um das Gefühl in Griechenland zu sein – jene höhere Note, die auch in uns anklingt, sobald wir griechischen Boden unter den Füßen haben, das Glück des Panoramas, des Augenblicks. Die Vergangenheit aufzuschlüsseln, überlassen wir den Profis, den dicken Büchern, den Studienräten und den Angebern. Wir brauchen dies nicht, wir sind wegen der Schönheit hier, wegen dem Licht. Die Fülle zu vermessen würde uns nur des ersten Eindrucks berauben und zu gerne bleiben wir beeindruckt und wehrlos gegenüber dem, was Griechenland war, ist und bietet. Gerne sind wir voreingenommen und lassen uns einnehmen, schenken Griechenland unsere Zuneigung, weil wir der Erwiderung sicher sind. Ob wir nun an die Peripherie reisen oder in das Zentrum Europas, uns ist es einerlei: wir reisen in den Süden des Südens, in glorreiches Land.

5. Grund

Weil es keinen Quadratmeter Boden ohne Geschichte oder Mythologie gibt

Griechenland ist unübersichtlich. Das liegt nicht nur an den geographischen Gegebenheiten, sondern auch an den historischen. Jeder Schritt kann in Griechenland in die Vergangenheit führen, in die reale oder die imaginäre. Jeder Quadratmeter ist überdeterminiert, überfordert von vornherein. Das Land und der ganze unüberschaubare Archipel liegen in Schichten und die sichtbare ist meist nur die gegenwärtige. Würde mir jemand erzählen, so wie ich viele moderne Mythen zu hören bekomme, jener Fels dort draußen sei gar nicht natürlichen Ursprungs, sondern ein verfallener Tempel, so wie die gesamte Insel samt ihrer Gebirgszüge ihrerseits von Natur aus flach sei, aufgetürmt und verdichtet einzig durch die Hinterlassenschaften der Epochen – es schiene mir möglich, ja sogar wahrscheinlich.

Vielleicht sollten wir schon eingangs einen kleinen Rundgang durch die antike Geschichte unternehmen, ein bisschen Ordnung schaffen. Denn es geht meist drunter und drüber, sobald von den »alten Griechen« die Rede ist, immerhin werden fast zweitausend Jahre gern so zusammengefasst.

1. Die Minoer auf Kreta gelten als erste europäische Hochkultur überhaupt, nicht aber als Griechen. Der Name ist König Minos geschuldet, der jedoch samt Minotauros ins Reich des Mythos gehört. Knossos gilt als Hauptstadt (50.000 Einwohner!) samt der Palastanlage von König Minos, die ab 1900 freigelegt und zum Teil wieder aufgebaut wurde. Die minoische Kultur dauerte von etwa 2600 bis 1450 v. Chr. und gilt als langanhaltende Periode des Friedens, der Prosperität und des Lächelns (aufgrund der Abbildung auf den Fresken). Der Niedergang ist zumindest zum Teil einem Vulkanausbruch geschuldet, der uns noch beschäftigen wird (Grund Nr. 108). Er wird durch die Mykener (also Urgriechen vom Festland) besiegelt,

die Kreta überfallen und ausrauben – und unverständlicherweise zurücksegeln zu ihren zugigen Trutzburgen auf der Peloponnes. Die hätten doch bleiben können, die prächtigen Paläste beziehen, das Leben auf Kreta genießen?

2. Das hatte damals durchaus Wirbel ausgelöst, als Sir Arthur Evans auf Kreta am Ausgraben und Rekonstruieren war und gewissermaßen eine ganze Kultur nachreichte, die bis dahin niemand auf dem Schirm hatte. Die Minoer haben uns nicht den Gefallen getan, außer Siegeln und Fragmenten, irgendetwas und sei es ein klitzekleiner Mythos, schriftlich zu hinterlassen. Es scheint sogar, dass es damals noch nicht mal ein Interesse an Nachruhm gab, keine illustren Grabbeigaben, Inschriften, Denkmäler wie bei ihren rustikalen Gegenspielern, die hinter sechs Meter dicken Mauern in Mykene hausten.

Aus Mykene gibt es immerhin Schrifttafeln, die allerdings etwas Hieroglyphenhaftes haben und eher enträtselt werden mussten, nicht wirklich entziffert. Die Palastanlagen von Mykene wurden schon viel früher entdeckt, um 1700 herum, als zunächst das Löwentor freigelegt wurde. Mit Grabungen wurde bereits 1802 begonnen, sodass schnell klar wurde, welche außerordentliche Bedeutung Mykene über hunderte von Jahren zukam. Man spricht heute diesbezüglich von »Palastkultur« – weil sich die weltliche und die religiöse Macht innerhalb ein- und derselben Burganlage konzentrierten. Heinrich Schliemann entdeckte schließlich 1876 jene berühmte Goldmaske, die er flugs Agamemnon zuordnete – also dem mythologischen Heerführer der Griechen im Trojanischen Krieg. Schliemann hebt auch zahllose Grabbeigaben, feiner gearbeitet als die groben Stücke der Mykener, die ganz unzweifelhaft aus Kreta stammen und von den Minoern geraubt wurden. Mykenes Niedergang beginnt um 1200 v. Chr. Man weiß das, weil sich die Zerstörung des Palast von Mykene relativ genau datieren lässt und weil anschließend Künste und Handwerk an Niveau verlieren. Auch die Bevölkerungszahl nimmt stark ab, die Festung samt Unterstadt bleiben bewohnt, haben aber ihre Vormachtstellung eingebüßt. Allerdings ist alles, was wir bis hierhin wissen, aus Gräbern entnommen und von Ruinen abgelesen – kein einziges Wort, keine Erzählung und keine Heldensage dringt aus dieser Vorzeit zu uns durch, aufgeschrieben werden diese erst später. Übrigens weiß man vom Raubzug der Mykener weil Artwork aus Knossos dort wieder aufgetaucht ist, insbesondere in sechs schachtartigen Königsgräbern.

3. Es folgen die sogenannten dunklen Jahrhunderte, auch weil im Dunkeln geblieben ist, was außer Niedergang auf dem griechischen Festland so abging. Es gibt außer ein paar Fragmenten keine schriftlichen Aufzeichnungen, ja die Schrift in ihrer heutigen Form ist noch nicht einmal erfunden und wir müssen uns mit Hieroglyphen abfinden, die über Ereignisse und den Fortgang der Geschichte wenig bis nichts erzählen. Oder überspitzt formuliert: So richtig beginnt Geschichte erst mit ihrer Aufzeichnung und der Möglichkeit zu erzählen. Homer gilt als Vater der Geschichten, Herodot als jener der Geschichte. Ersterer beginnt im achten Jahrhundert v. Chr. Mythen zu sammeln und zu bündeln, letzterer macht sich erst im 5. Jahrhundert v. Chr. ans Werk. Die Forschung mutmaßt heute, dass eine Dürreperiode über Jahrhunderte hinweg die dunklen Jahrhunderte ausgelöst hat. Eventuell geschah dies im Nachgang besagter Vulkaneruption, aber genau lässt sich nur feststellen, dass der Handel zum Erliegen kam, Reichtum an Gütern und Formen schwand. Aber so ist das mit Zivilisationen, sie markieren Höhepunkte, anschließend geht es erstmal bergab. Und wer weiß, vielleicht sind genau diese Jahrhunderte, während derer außer Ackerbau und Fortpflanzung mal nichts passierte, die glücklichen Phasen der Menschheit. Walter Benjamin schrieb einst, es gäbe kein Kunstwerk, das nicht zugleich ein Zeugnis der Barbarei sei. Und in diesem Sinne haben wir kein Zeugnis, außer dem Wissen, dass die Bronzezeit endet und die des Eisens beginnt. Was wir auch wissen, ist, dass von Griechenland aus, vom Schwarzmeer bis nach Syrien, Kolonien gebildet wurden, um Handel zu treiben.

4. Handel und Austausch sind es, die während dieser sogenannten archaischen Epoche die Blütephase der griechischen Antike einleiten – unter anderem dadurch, dass die Griechen von den Phöniziern das Alphabet übernehmen und damit die Phonetik – also die Idee, dass Buchstaben Laute abbilden und untereinander ohne Beschränkung kombiniert werden können, um dadurch auszudrücken, was tatsächlich gesagt wurde. Genial! Eine ungeheure Neuerung, denn dadurch lassen sich Epen, Lieder und Geschichten erstmals ausführlich und Wort für Wort niederschreiben. Hesiod und Homer machen sich an die Arbeit und sortieren, was alles so im Umlauf ist. Die Ilias und die Odyssee legen neben der Bibel die Grundlage für den europäischen Kanon an Geschichten und Figuren. Die Bevölkerung wächst, die Stadtstaaten und deren Verfassungen bilden sich heraus.

5. Etwa 500 v. Chr. beginnt das, was man die klassische Periode nennt. Lange sind die Stadtstaaten im Abwehrkampf gegen das Perserreich als attischer Seebund vereint und auch die Herausbildung von demokratischen Entscheidungsprozessen hat hier ihren Ursprung – wohlgemerkt versammeln sich im Ekklesiasterion nur die Oberhäupter der freien Familien und die Diskussion darf man sich durchaus als Spektakel mit Unterhaltungswert vorstellen. Da wird gevöllert und gesoffen und selbst Aristoteles beschreibt, wie man rhetorisch am geschicktesten die Emotionen anspricht. Es geht um Demagogie und Populismus. Jeder Bürger konnte sich potenziell auf jedes Amt bewerben, besondere Qualifikationen nicht nötig. Es gibt also durchaus historische Konstanten und Demokratie war nie das rein rationale Instrument, dass sich vielleicht Kant in seiner Studierstube darunter vorgestellt hat.

6. Athen prosperiert in der Folge, auch weil es sich recht ungehemmt aus den Schätzen des Seebundes bedient, also bereichert. Zwar unterliegt die Polis Athen alsbald im Kampf gegen Sparta, profitiert aber vom Kampf Thebens gegen die Spartaner und findet zu alter Stärke zurück. Aristoteles wird zum Hauslehrer eines makedonischen Knaben namens Alexander. Indem er als Alexander

der Große ein Weltreich errichtet und zahlreiche Städte gründet, wird Griechisch zur Weltsprache. Eine Exporttätigkeit mit militärischen Mitteln, die wir heute die hellenistische Phase nennen. Der Hellenismus und die Großreiche makedonischer Provenienz enden nicht von heute auf morgen, sondern werden scheibchenweise von einem anderen aufstrebenden Reich geschluckt, bis ganz Hellas im Imperium Romanum aufgeht (von ca. 200 bis ca. 50 v. Chr.).

7. Wenn wir heute vom »antiken Griechenland« reden, dann sind also nur die wenigen Jahrhunderte der griechischen Klassik gemeint – und noch enger gefasst, jene kurze Blütezeit von Kunst, Philosophie und Politik im eigentlichen Sinn, die ziemlich genau mit den Lebensdaten von Sokrates, Platon und Aristoteles übereinstimmt: 500 bis 350 v. Chr.

6. Grund

Weil Unwissen hilft, mit der Überkomplexität klar zu kommen

Unwissen und Unbedarftheit sind Geschenke: sie lehren einen sehen. Wer schon alles weiß, der sieht nur, was er will. Wer aber gar nichts weiß, der muss sich die Wirklichkeit Stück für Stück zusammensetzen, der kann gar nichts übersehen, weil er keine Übersicht hat. Einigermaßen ungefiltert waren auch meine ersten Eindrücke während der quälend langen Busfahrt vom Flughafen in die Innenstadt Thessalonikis. Eine einzige Abfolge monotoner Zweckbauten begleitete die Straße, der Bus machte alle paar hundert Meter Station, links lag eine Mall, rechts ging es zu einem schwedischen Möbelhaus. Bald folgten Wohnviertel, schnell und pragmatisch hochgezogene Betonbauten, mit endlosen Balkonen und Markisen, die die Schraffur der Stadt bestimmten. Über Kilometer auf der Straßenebene die sich wiederholenden kleinen Läden und Geschäfte, hier ein Kiosk, dort ein Café, dann ein Fastfoodladen oder eine Kette, dann das ganze von vorne. Hatte ich mich auch nur einmal mit der Vergangenheit der Stadt beschäftigt, als ich erstmals in Thessaloniki strandete? Natürlich nicht, Griechenlands zweitgrößte Stadt war mir ja nur Station, diente lediglich als Nachtlager, weil es an einem Tag über Kavala und dann mit der Fähre bis Thasos nicht zu schaffen ist. Hätte ich, dann hätte ich zumindest gewusst, dass die Hauptstraße, die wie ihre Nebenstraßen, fast pedantisch geradlinig durch Thessaloniki schneidet, die Via Egnatia ist – also die Fortsetzung der Via Appia nach Osten, der Weg von Rom nach Konstantinopel, den erst die Kreuzfahrer benutzten, später in umgekehrter Richtung die osmanischen Eroberer. Das Teilstück durch Thessaloniki heißt heute noch so, was ich aber nicht wusste und erst später staunend einem Stadtplan entnahm. Genau genommen nahm die antike Via Egnatia einen leicht anderen Weg, lag weiter außerhalb der Stadt, aber das ändert ja nichts für den Ortsfremden – zumal mit ihrem Verlauf der historische Raum abgesteckt wird, in dem Thessaloniki sich befindet: zwischen Rom und Konstantinopel, dem späteren Byzanz und heutigen Istanbul. Von sich aus gibt die Stadt jedoch von dieser bewegten Vergangenheit wenig preis, ihre Juwelen sind über das Stadtgebiet verstreut und müssen gefunden werden: wie zum Beispiel eine orthodoxe Basilika aus Backstein, das Siegestor oder die byzantinische Festung oberhalb der Stadt, die später osmanische Garnison und Gefängnis wurde. Thessaloniki wirkt vielmehr wie eine einheitlich moderne Stadt, vom Handel und vom Hafen geprägt. Die strenge Abfolge ihrer Viertel, die schiere Lautstärke des Stadtverkehrs, das abendliche Treiben am Hafen und im Viertel Ladadika verdecken jene Schichten, aus denen die Stadt bestand, bevor der Beton überhand nahm. Ich erzähle dies, damit wir uns über die Tektonik griechischen Bodens klar werden – über die Bewegtheit dieses Landstrichs. Es gibt keinen Meter ohne Geschichte oder Mythologie, Griechenland ist überkomplex, überdeterminiert. Auch dort, wo keine sichtbaren Artefakte oder Sehenswürdigkeiten auf vergangene

Zeiten verweisen, stehen wir auf dem Geröll der Jahrhunderte. Die Bauten der Vergangenheit sind eins geworden mit der Natur, so sie noch stehen, verschmolzen mit der Landschaft.

7. Grund

Weil Thessaloniki eine Metro bekommt, ganz bestimmt!

Die Entscheidung, Thessaloniki eine Metro zu verpassen, traf die Stadt 1980 im Alleingang. Und das Ausmaß des heutigen Verkehrs gibt dem Magistrat im Nachhinein Recht, wenngleich sich der wohlfeile Plan von damals wenige Jahre nach Beginn der Bautätigkeit als nicht finanzierbar erwies. In Betrieb sind heute nur die Pumpen, welche den damals entstandenen und jetzt brachliegenden Rohbau des ersten Tunnels trocken halten. Das Bauministerium übernahm die Verantwortung, ordnete einen Neubau an und veränderte die Streckenführung zugunsten der Finanzierbarkeit. Damit wurde nach langem Planungsvorlauf Ende 2006 begonnen. Doch 2012 stockte der Bau, weil man auf eine marmorne Straße aus byzantinischer Zeit gestoßen war. Deswegen und aufgrund technischer Schwierigkeiten musste der für 2020 anvisierte Eröffnungstermin verschoben werden und schließlich ruhten die Bauarbeiten vollständig. Der Grund: wieder die Antike! Gleich auf eine ganze Stadt waren die Arbeiter im Untergrund Thessalonikis gestoßen, auf Straßen, Hausmauern, Mosaike, die wenige Meter unterhalb des Trubels der Via Egnatia ein friedliches Nachleben führten, bis die Fräse und damit der Metrobau von ihnen ausgebremst wurden. Oben begann der Streit. »Einfach weiter bauen!«, sagten die einen: »Was scheren uns alte Steine, haben wir genug davon – was wir nicht haben, ist ein funktionierendes Verkehrssystem!« »Auf keinen Fall!«, hielten die anderen dagegen und argumentierten mit dem kulturellen Erbe und dessen Unersetzbarkeit.

Kurzer Rückblick: Thessaloniki wurde vom makedonischen König Kassandros 315 v. Chr. »gegründet« – wobei die Namensgebung dessen Frau geschuldet ist, einer Halbschwester von Alexander dem Großen, deren Vater Philipp von Makedonien das östlich gegen Kleinasien gelegene Thessalien unterwarf: *Thessalo-Nike*, Sieg über Thessalien. »Gegründet« in Anführungszeichen deswegen, weil da ja nicht nichts war. König Kassandros habe, so sagen die Annalen, ein paar kleinere Ansiedlungen zusammengelegt und daraus eine Stadt gemacht. Und das, was sich da dummerweise in ein paar Metern Untergrund einer funktionierenden Metro in den Weg stellt, gehörte dazu. Die Römer wiederum, die ab 150 v. Chr. den ganzen Laden übernehmen und das makedonische Königtum abschaffen, hat es einen feuchten Kehricht interessiert, ob das nun Mazedonien, Thrakien oder Thessalien war, alle drei wurden zu einer römischen Provinz zusammengefasst. Und nicht nur das: Just auf der geplanten Metrostrecke haben die Römer einen Soldatenfriedhof eingerichtet und mehrere Jahrhunderte lang genutzt. Auch darauf wurde erst während der Bohrungen gestoßen. Es ist ein Kreuz mit der Vergangenheit, wenn sie die Gegenwart aufhält, bloß weil sie immer noch da ist! Stand der Dinge ist, dass Thessalonikis Zentrum stellenweise so aussieht wie Berlin am Potsdamer Platz Mitte der Neunziger – mit dem Unterschied, dass man an letzterem Ort so gar nichts gefunden hat, etwaige Pfahlbauten wären schon längst verrottet. In Thessaloniki hingegen quälen sich heute tausende Menschen an den innerstädtischen Ausgrabungen vorbei und hoffen auf eine Metro. Das ist es, was ich mit Tektonik meine und mit Schichten. Das Vergangene ist nicht vergangen, nicht in Griechenland. Es ist da, sichtbar oder im Verborgenen, und ab und zu kommt einer vorbei und gräbt etwas von Bedeutung aus. Das Leben auf der obersten Schicht aber, es muss ja weitergehen.

8. Grund

Weil es jedenfalls keine Griechen waren, die die ersten Ausgrabungen unternommen haben

Es sind ja nicht die Griechen, die damit angefangen haben, Erdschichten abzutragen und sich an die Antike zu klammern. Die Bewohner von Kastri waren gewiss nicht erfreut, als sie ab 1892 umgesiedelt wurden, weil französische Archäologen zu graben begannen, um schließlich Delphi freizulegen (heute Weltkulturerbe). Delphi galt in der Antike immerhin als Mittelpunkt der Welt (was natürlich ein bisschen vom Blickwinkel abhängt), da wird man doch ein paar Bauern ihr ohnehin karges Weideland abgraben dürfen – schließlich geht es um Größeres als um die *livelihood* von Eleni und Jorgo. Ich stelle mir das sehr extrem vor, wenn es in Delphi, Knossos oder Mykene von einem Tag auf den anderen hieß, man dürfe sich jetzt nicht mehr bedienen an den Steinen der Vergangenheit, um das Haus auszubessern, einen Anbau hinzusetzen oder eine Einfriedung aufzuschichten. Usus war, dass die Ausländer das Grabungsterritorium ankauften, auch deswegen war es einfach, wertvollere Funde, vom Ohrring bis zum vollständigen Tempel ins Ausland zu verschiffen und zu versilbern.

Es sind Deutsche, Engländer und Franzosen – Goldgräber, Schatzsucher, Abenteurer –, die sich in Griechenland Claims sichern, um zu graben und zu heben. Heinrich Schliemann wird nicht mit der Entdeckung Trojas bekannt, sondern erst, als er dort den »Schatz des Priamos« zu Tage befördert: 8000 Einzelstücke, Vasen, Ohrringe, Goldkelche, silberne Messerscheiden. »Von unschätzbarem Wert für die Wissenschaft« wie Schliemann schreibt. Er schenkt ihn 1885 dem Völkerkundemuseum Berlin, von wo er 1945 in die Sowjetunion verbracht wird. Wir werden auf diesen nicht unwichtigen Aspekt, dass es Ausländer sind, die vor allem im Anschluss an die Unabhängigkeit Griechenlands vom osmanischen

Imperium, jeden Acker umgraben und die Antike hochhalten, noch zurückkommen.

Belassen wir es vorerst bei der Feststellung, dass das antike Griechenland zuvorderst eine Schatzkammer von Nichtgriechen war und widmen wir uns ein wenig der Gegenwart. Die Antike ist schon präsent genug, siehe Metro-Bau in Thessaloniki (Grund Nr. 7)!

9. Grund

Weil das Leben einfach weitergeht

Das Leben selbst hat für Vergangenheit, fürchte ich, gar nichts übrig. Es mag aus Vergangenheiten resultieren, sich aus dem Kompost von Jahrhunderten speisen, aber es arbeitet sich fort, jeden Tag, und zwar ohne auch nur einmal zurückzuschauen – das Leben wühlt sich unablässig in Richtung Zukunft. Wer zurückschaut, das sind wir Menschen, nicht aber die Natur. Für sie gibt es kein Gestern und kein Morgen – die Einteilung und die Besichtigung der Zeit, die Vorausschau, die Vergegenwärtigung von längst Vergangenem, das ist unser Werk. Wenn Goethe schreibt »Augenblick, verweile doch, du bist so schön!«, dann deswegen, weil genau dies nicht geschieht. Die Imperien kommen und gehen, die Steinhaufen wachsen, Gletscher kalben, Berge erodieren und Flüsse legen Sediment über Ebenen, auf denen einst Städte lagen, auf dass Jahrtausende später Ausgrabungen beginnen. Gras legt sich über jede Sache, wenn man es lässt. Ich saß eines schönen Abends in einem billigen Hotel direkt an der Egnatia in Thessaloniki und sah dem Ventilator beim Rotieren zu. Es gab damals noch kein Hostel in der Stadt, also kein Bett in einem Gemeinschaftsraum, man musste ein ganzes Zimmer mieten. Ein Stockwerk unter mir waren aus unerfindlichen Gründen (ich habe nicht gefragt) lauter Inder untergebracht, mein Zimmer lag im Vierten und wenn ich das Fenster öffnete, sah ich auf eine

Betonfläche. Das war gut, denn das Zimmer lag nach hinten raus und war vergleichsweise ruhig, obwohl das Brausen des Verkehrs, zu einem Brei an Geräusch gebrochen, bis zu mir drang. Ich lag rücklings auf dem Bett und hatte die Hände im Nacken verschränkt, die Dämmerung brach an. Der Ventilator quietschte bei jeder einzelnen Umdrehung, in der Ecke hing schal beleuchtet ein Waschbecken. Es war Anfang Mai, aber es war heiß. Irgendwie sah das Waschbecken einsam aus, oder war es der ganze Raum, der etwas Verlorenes hatte? *I am waiting for my man* drang es mit Lou Reeds Stimme aus Hinterzimmern meines Bewusstseins – und ja, es war ein Wartezimmer. Es schien direkt aus den Achtzigern zu stammen und ich kam mir wie der Protagonist eines Kriminalromans vor – ein Dealer, der auf Kundschaft wartet, auf seinen Verbindungsmann oder darauf, dass endlich das Geld eintrifft. Anschließend wird er die Fähre nehmen oder das Flugzeug, in der Hoffnung auf bessere Hotelzimmer und eine bessere Zukunft. So lange aber hatte ich nicht Zeit, und ich wartete ja auf nichts. Also ging ich aus. Hinunter, irgendwohin – und sobald ich in die Gegenwart zurückschlüpfte, wich das Krimi-Gefühl im Nu, die Straßen waren voller Leben, die Menschen saßen vor den Cafés – Thessaloniki hatte die Arme ausgebreitet und war nichts weiter, als eine große, moderne, durch und durch mediterrane Stadt. Zu hunderten zog es die Menschen hinunter ans Meer, auf die Mole des alten Hafens, an den weißen Turm oder in eine der poschen Loungebars, wo die Jungs den Mädchen die Redbull-Mixgetränke zahlen müssen. Schade, dass die Touristen Thessaloniki links liegen lassen und gleich auf die Halbinsel Chalkidiki weiterziehen, in Busse gepackt werden, die gar nicht erst die Innenstadt durchfahren.

10. Grund

Weil es diese eine griechische Insel gibt

Ich war nur eine Nacht lang geblieben, hatte früh am nächsten Tag mein Gepäck genommen, um per Bus nach Kavala weiterzukommen und um von dort auf die Insel Thasos überzusetzen. Ich muss dazu sagen, dass ich mir Thasos nicht ausgesucht hatte, ein Freund von mir lebt dort und bewirtschaftet einen Wingert. Ich wurde also auf die Insel gerufen und folgte diesem Ruf.

Das hält mich aber nicht davon ab – seitdem sind einige Jahre vergangen – von Thasos als *meiner* griechischen Insel zu sprechen. Eingeweihte wissen, was das bedeutet, es ist Fluch und Segen zugleich.

Wenn uns ganz Griechenland schon als ein einziges Klischee erscheint, voller süßer Versprechen von Lebensfreude, Genuss und Sonnenuntergang, dann verheißt eine griechische Insel eine nochmalige Steigerung. Griechenland nennt 3054 Inseln, Inselchen, Eilande und Felsenriffe sein eigen – davon sind nur 113 dauerhaft bewohnt, aber das sind auch nicht gerade wenig (zwei zu viel allerdings, um einen 111-Gründe-Band daraus zu machen). Fangen Sie ruhig mal an, im Kopf durchzuzählen, sehr viel mehr als ein gutes Dutzend werden sie spontan nicht zusammenbekommen, wetten? Korfu, Rhodos, Santorin, Kreta, Samos, Lesbos, Naxos, Kefalonia, Zakynthos, Hydra, Euböa … und dann ist schon ganz schnell Schluss. Die elf Diapontischen Inseln nordwestlich von Korfu erfreuen sich ebenso weitgehender Unbekanntheit, wie die Gruppe der Dyonisaden im Nordosten Kretas. Alle schwärmen von den Kykladen, doch wer kann auch nur eine Handvoll mit Namen nennen? Folegrandos wäre wahrscheinlich weltberühmt und überlaufen, hätte nicht Santorin diese Rolle schon inne. Wer, außer den Griechen selbst, lässt Korfu links liegen und steuert ab Igoumenitsa gleich die wesentlich kleinere, ursprünglichere Nachbarinsel Paxos an? Die Strände der nordägäischen Insel Thasos wären wahrscheinlich aufgrund des

Zusammenspiels üppiger Vegetation und grünblau-schimmernden Meeres völlig verbaut, hätte sich der Beton nicht zuvor über ganz Chalkidiki ergossen. Es gibt sie also immer noch, da draußen in der Ägäis, jene der griechischen Inseln, die unserer Idee entspricht. Vielleicht sollten wir sie suchen gehen, indem wir die bekannten Namen in den Wind schlagen und weitersegeln. Es gibt nur ein Problem: Sobald wir sie gefunden haben, werden wir festhängen. Wir werden keine einzige der anderen 112 bewohnten Inseln mehr kennenlernen, weil das Leben kurz ist, die Saison endlich, und wir gar nicht erst auf die Idee kämen, Zeit auf unserer Insel gegen etwas anderes, unbekanntes einzutauschen. Und wir werden, in meinem Fall zumindest, bis in alle Ewigkeit in Thessaloniki Station machen, bevor es auf *die* Insel weitergeht. Die Klischees werden wir zugunsten von Ortskenntnis aufgeben müssen, Griechenland wird kleiner werden und schließlich verschwinden wie das Festland von der Fähre aus, unsere Insel wird zu unserem Griechenland.

2. Kapitel

Im Süden des Südens

11. Grund

Wegen einem Glas Wasser

Es gibt diesen Moment und ich glaube jeder Griechenlandreisende weiß so eine Szene zu erzählen – dieser Moment, in dem es um einen geschehen war. Eine Begegnung, ein Gespräch, ein bestimmtes Detail, ein Lichtstrahl oder der morgendliche Anblick des Meeres – oder, wie in meinem Fall, ein Glas Wasser.

Ich war früher dran als geplant, hatte noch mit der Vormittagsfähre von Kavala aus übergesetzt, daher war niemand zur Stelle, um mich abzuholen. Nun stand ich also am Hafen von Skala Prinou auf der makedonischen Insel Thasos. Der Hafen ist klein und es gibt keine Stadt, die seine Existenz rechtfertigen würde. Schon während der Überfahrt, die von einigen Möwen begleitet wurde, hatte sich etwas gelöst, war die ganze Anspannung und Hektik des Festlands und der großen Städte abgefallen. Der Rhythmus hatte sich verändert. Thasos hat keinen Flughafen, man muss das Meer überwinden, um dort zu landen. Thasos verlangt Zeit und mir war, als legte sich, einmal dort angekommen, eine sonderbare Ruhe um mich. Mir war, als bewegten sich die Menschen langsamer, als gäbe es den Feinstaub, den Verkehr und die Fahrpläne nicht mehr oder als würden diese nur noch eingeschränkt gelten. Ich steuerte die nächste Bar an bzw. einen Tisch, der fast direkt am Meer aufgestellt worden war. Wenig später löste sich ein Schatten aus dem Inneren der Bar und überquerte die Straße. *Orpheus* stand über der Bar geschrieben. Die Servicekraft stellte ein Glas Wasser vor mir ab, noch bevor sie die Bestellung aufnahm. Es herrschte kaum Verkehr, nur wenige Menschen querten den kleinen Platz, die Insel schien die Ruhe selbst. Ich weiß noch, wie sehr mich diese allererste Szene dort am runden Tisch vor der Orpheus-Bar berührte – die milde Luft, die ankernden Fährschiffe, kaum Verkehr, das beschauliche Skala Prinou, die Möwen, das ferne Festland, diese Klarheit … vom ersten Moment an fühlte ich mich wohl, und wahrscheinlich trug die Überfahrt mit der Fähre zu der Illusion bei, ich sei irgendwo angekommen.

12. Grund

Weil der Süden zu einem kommt

Griechenlands nördlichste Gebirgszüge liegen auf dem Breitengrad von Neapel und Barcelona, die Ionischen Inseln gegenüber der Südspitze Apuliens, die kretische Südküste auf der Höhe von Tunis: Das Land samt seiner Inseln und Inselchen spannt sich zwischen südlichem Balkan, Kleinasien und der Levante auf. Weiter nach Süden geht es nicht – es sei denn, man setzt über und wechselt den Kontinent.

Man kommt aber nicht einfach so an im Süden des Südens. Vielmehr bricht dieser in einen ein, kommt zu einem wie das Glas Wasser an den Tisch. Der Süden des Südens ist mit einem Mal da, in einer Größe und Klarheit, von denen man im Nachhinein gar nicht sagen kann, wann und wo genau sie ihre Herrschaft antraten. Es sind jedenfalls nicht die Olivenbäume, die gibt es weiter nördlich auch, es sind nicht die ausufernden Betonbauten, nicht das Meer und nicht die Inseln.

13. Grund

Weil der Sommer im Süden schlagartig einsetzt

Es war Mai und Sonne und Sommer hatten sich bereits durchgesetzt – mit der Reise nach Thasos hatte ich die Ordnung der Jahreszeiten verlassen. Der Sommer kommt im Süden von einem Tag auf den anderen, nicht so zögerlich und Schritt für Schritt wie bei uns im Norden: Es gibt jeweils im Frühjahr eine Schönwetterperiode, die binnen Tagen alles klar macht: Die Temperaturen steigen unerbittlich auf über 30 Grad, die Böden und die Sträucher trocknen aus, der Sommer ist da und wird bis Ende September auch nicht wieder gehen. Es wird keinen Regen mehr geben, ja nicht einmal eine Wolkendecke – bis im Herbst die Touristen wieder weg sind, die Nächte kühler werden und der ausgedörrte Boden schließlich erleichtert das erste Nass aufnimmt. Dann kann es ungemütlich werden, aber nicht richtig kalt. Wenn es draußen regnet und drinnen der Ofen brennt, ist Winter in Griechenland. Der Sommer aber, der den Frühling so schlagartig ablöst, besteht im Kern gar nicht aus Hitze, er besteht aus Licht.

14. Grund

Wegen dem Licht!

Es ist das Licht. Das Licht, das die Oliven silbrig schimmern, die Mauern strahlen, das Meer und die Inseln leuchten lässt. Es ist dieses umfassende Licht, das der geringen Luftfeuchtigkeit geschuldet ist und eine Art Transzendenz herstellt: Die Dinge blicken über sich hinaus, sie scheinen durch. Das Licht ist überall, es erreicht sogar die Schatten, es diffundiert durch die Steine. Dies ist der Grund, warum die Häuschen auf den Kykladen allesamt weiß gekalkt sind – nicht wegen der Anmut, sondern wegen der Abwehr: Um möglichst wenige der Sonnenstrahlen durchdringen zu lassen, um Helios so weit wie möglich auszusperren. Dort, wo ich herkomme, sucht man das Licht. In Griechenland flieht man es, die Verhältnisse kehren sich um und niemand, auch der Tourist nicht, kann sich davon ausnehmen. Der Süden des Südens ist ein molekulares Ereignis, er ist das Ergebnis einer Verdichtung an Farben, einer Vernachlässigung der Form. Er dringt in einen, sobald man ihn betritt. Und man weiß, dass man ihn betreten hat, sobald er einen verändert. Dann ist es meist schon zu spät. Man glaubt, man wäre irgendwo angekommen und stattdessen hat er einen gepackt. Er lässt einen nicht los, im Gegenteil, mit jedem Tag steigert sich seine Kraft.

15. Grund

Weil die Anziehungskraft Griechenlands seit Jahrzehnten stärker wird und ein Ende nicht abzusehen ist, ...

Unweigerlich gewinnt man das Gefühl, Griechenland habe die Arme weit offen und es gäbe gewiss noch ein Plätzchen für einen selber – und das, obwohl schon ziemlich viele andere da sind. Im Rekordjahr 2019 waren es 34 Millionen Gäste, die sich so oder ähnlich gefühlt haben, wenngleich meist auf zwei oder drei Wochen beschränkt: 34 Millionen Touristen (hauptsächlich Nordeuropäer aber auch Amerikaner und Russen) waren bei gut 10 Millionen Griechen zu Gast und nahmen teil an einem breitgefächerten Programm zur Mobilmachung. Jeder einzelne trug zu einem erheblichen Anteil des Bruttoinlandproduktes bei (12 % nämlich, zählt man alle indirekten Leistungen dazu, dann liegt man sogar bei 30 %). Jeder Einzelne fand Platz in einer Taverne, stieß vielleicht sogar auf seine Lieblingstaverne und grüßte den Wirt beim zweiten Aufenthalt mit Namen. Nach einem Jahr Pandemiegeschehen stand Griechenland 2021 in der Gunst der deutschen Urlauber sogar höher als Spanien – Italien und Frankreich hatte es schon länger auf die Plätze verwiesen.

16. Grund

... Tourismus aber dennoch ein relativ junges Phänomen ist, ...

Griechenland wird als klassisches Urlaubsziel bezeichnet, obwohl Tourismus in Griechenland etwa so klassisch ist wie Wohlstandsmüll oder schmelzende Polkappen, er ist ein relativ junges Phänomen. Das allererste Plakat der Tourismusbehörde von 1929 wird vom Parthenon geschmückt – also dem ikonischen Tempelbau auf dem höchsten Teil der Akropolis von Athen (genau genommen denkt alle Welt, der Tempel sei identisch mit der Akropolis, obwohl er nur ein Teil der Anlage ist). Klassisch-streng fotografiert und in Schwarz-Weiß. Die amerikanische Fluglinie TWA nimmt in den fünfziger Jahren Direktflüge nach Athen auf und tut es der Behörde gleich: Die Plakate zeigen antike Statuen und Säulen, sollen also Besucher zu den Kulturdenkmälern locken und nicht in die Tavernen oder an die Strände. Zu diesem Zeitpunkt wurden jährlich gut 30.000 Besucher gezählt, die hauptsächlich an Kultur bzw. an den antiken Stätten interessiert waren.

17. Grund

... das rasant an Fahrt gewann, woran deutsche Pauschaltouristen nicht ganz unschuldig sind

Griechenland liegt im Süden des Südens und damit zu fern, als dass es mit dem Zug, Bus oder Automobil so einfach erreicht werden könnte wie Rimini, Saint-Tropez oder die Costa Brava. 1962 aber legt der Frankfurter Versandhändler Josef Neckermann seinem Warenkatalog ein gerade mal sechsseitiges Faltblatt bei und bietet »Urlaubsreisen für jedermann« an. Schon ein Jahr später erweitert er das Angebot um Flugreisen und verspricht: »Eine Flugreise bietet große Vorteile, wenn sie gewissenhaft geplant und sorgfältig vorbereitet ist. Wir haben an alles gedacht.« Die Reisen werden zum Festpreis verkauft, in dem »alles inbegriffen« ist, vom Hotel über den Transfer bis hin zur Vollpension. Neckermann ist der erste, der die Reise im Paket anbietet. Dadurch, dass ein anderer an alles denkt, können die Unwägbarkeiten des Reisens abgegeben werden. Indem die Distanz im Flug überwunden wird, setzt sich die Maschinerie des Massentourismus erst richtig in Gang, das Zeitalter der Pauschalreisen hat begonnen.

In den Sechzigern steigt die Zahl der Urlauber in Hellas wohlstandsbedingt auf eine halbe Million an, Sonne und Meer lösen die Antike als Besuchsgrund ab, die Inseln werden populär, Griechenland dient hinfort vor allem der Bräunung. Auch die Plakate der Tourismusbehörde haben sich geändert, jetzt stehen Strandszenen im Vordergrund und das süße Leben im Süden: »Erfreuen Sie sich an dem blauen Meer dieser Insel« steht etwas ungelenk unter dem Bild dreier Tretboote, die sich vor der Silhouette von Rhodos verlustieren. Es geht den Besuchern inzwischen um den Platz an der Sonne und um Badeurlaub, um Teilhabe an jenem Licht, das sommers so verlässlich noch jeden Faltenwurf des Landes ausleuchtet. Der sozialistische Ministerpräsident Andreas Papandreou gewährt in den Achtzigern jedem einen Zuschuss, der irgendwo ein Hotel hinsetzt, ohne dass es dafür Flächennutzungs- oder Entwicklungspläne gebraucht hätte. Nicht alle, aber die schlimmsten Bausünden stammen aus dieser Zeit, wenn man von der Großbaustelle Olympia einmal absieht. 2004, also während der Olympiade in Athen, ist die jährliche Besucherzahl schon auf 14 Millionen angeschwollen und Hellas, dem es ja an Klassik nicht mangelt, ist zum klassischen Urlaubsland geworden. Machen wir uns also nichts vor: der Tourismus ist in Griechenland nicht nur ein Industriezweig, sondern der wichtigste überhaupt. Die griechische Gastfreundschaft ist längst professionalisiert.

18. Grund

Weil der Tourismus auf Rhodos von Italienern erfunden wurde ...

Einer Insel nahe des türkischen Festlandes kommt bei all dem eine Vorreiterrolle zu: Rhodos. Kein Wunder wenn man bedenkt, dass Helios, also der Sonnengott, den Rhodiern einst als Schutzgott galt. Ihm zu Ehren und aufgrund des Sieges über Makedonien (Stichwort Diadochenkämpfe) errichtete der Stadtstaat den »Koloss von Rhodos«. Diese monumentale Bronzestatue (zwischen 30 und 35 Meter hoch) galt zwar als eines der sieben Weltwunder, führte jedoch noch nicht zu Tourismus, zumal er alsbald von einem Erdbeben hinweggerafft wurde. Nein, die Sommerfrische kommt erst gut 2.000 Jahre später in Mode: Rhodos war seit dem italienisch-türkischen Krieg von 1912 bis 1943 wie die anderen Inseln der Dodekanes unter italienischer Verwaltung und gehörte seit 1923 sogar zum italienischen Hoheitsgebiet (als eine der *Isole italiane dell'Egeo*). Nach dem italienischen Rückzug und im Anschluss an die deutsche Okkupation, während der die jüdische Bevölkerung von 1673 Personen nach Auschwitz deportiert wurde, fiel Rhodos an das Königreich Griechenland zurück.

Der italienischen Administration galt die Insel nicht nur als idealer strategischer Ausgangspunkt, um Machtinteressen in der Levante durchzusetzen, sondern auch als Ferienparadies in spe: In Rom wurde explizit geplant, Rhodos zur Touristendestination auszubauen, selbst wenn es damals diesen Begriff noch gar nicht gab. Die italienischen Machthaber nahmen sich der Insel und der mittelalterlichen Bausubstanz an, renovierten Rhodos-Stadt (heute Weltkulturerbe) sowie die Verteidigungsanlagen des Johanniterordens. Den durch eine Pulverexplosion teilweise zerstörten Großmeisterpalast der Johanniter bauten sie komplett neu auf, allerdings ein bisschen größer und ein bisschen protziger als er zuvor war. Dem italienischen König und später dem Duce wurde eine Sommerresidenz samt katholischem Kirchlein an den Berg *Profitis Ilias* hingestellt (die leerstehende *Villa de Vecchi*). Doch weder König noch Benito Mussolini ließen sich jemals auf der griechischen Insel blicken, die man als Teil Italiens sah. Straßen wurden gebaut, Brücken gespannt, Aufforstung betrieben – die ganze Insel wurde aufgehübscht, der griechischsprachigen Bevölkerung zwischenzeitlich die Auswanderung nahegelegt. Vier Reißbrett-Siedlungen wurden binnen weniger Jahre aus dem Boden gestampft, vor allem um italienische Arbeiter anzusiedeln – wie im heute verlassenen Campochiaro (griechisch Eleousa). Italienisch wurde als Verkehrssprache eingesetzt und auch in griechischen Schulen zur Pflicht.

Mit Aneignung ist dieses Vorgehen nur unzureichend beschrieben, vielmehr handelt es sich um Imperialismus. Wenn überhaupt, dann ließe sich Aneignung vielleicht mühsam dadurch begründen, dass Italiener von den Römern bis zu Venezianern und Genuesen ja schon immer in der Gegend zu tun gehabt hätten … Jedenfalls hinterließen die Italiener das, was man heute touristische Infrastruktur nennen würde: einen ausgebauten Hafen mit Landemöglichkeit für Wasserflugzeuge, ein Straßennetz, einen Flughafen (von 1938), ein Kino, ein Casino, den Boulevard, das Grand Hotel *Albergo delle Rose* (von 1927, immer noch bzw. wieder in Betrieb), verschiedene kleinere Hotels in Rhodos-Stadt und gleich zwei Kurhotels im alpinen Stil im Bergland (*Elafos* und *Elafina* sind die heutigen Namen).

19. Grund

… und weil Rhodos daher bestens auf die Ära des Massentourismus vorbereitet war.

Mit anderen Worten: Noch bevor im Anschluss an den Zweiten Weltkrieg Touristen überhaupt auf die Insel fanden, stand auf Rhodos alles schon bereit – zunächst für ein entsprechend solventes Klientel. Dies ändert sich schnell und gründlich, und zwar mit der exponentiell steigenden Nachfrage ab den sechziger Jahren: Rhodos schwingt sich zu einer der allerersten Tourismushochburgen auf, wobei »Hochburg« nichts anderes bedeutet als den fortdauernden Umbau zugunsten der Kapazität. Es ist nicht vermessen, zu behaupten, dass der Massentourismus auf Rhodos erfunden und mit aller Konsequenz befördert wird – und zwar noch bevor auf Mallorca erste größere Hotels hochgezogen werden. Man zieht vor allem sonnenhungrige Briten an, aber auch Neckermänner und Skandinavier. Jedes Jahr werden es mehr und jedes Jahr wird ihnen mehr Platz eingeräumt. Die großen Touristikunternehmen bauen schließlich eigene Ferienanlagen entlang der Ostküste. Der neue internationale Flughafen eröffnet 1977 und hat eine Kapazität von jährlich vier Millionen Fluggästen (bei knapp 120.000 Einwohnern). Rhodos liegt heute auf Platz 3 der griechischen Flugziele – gleich hinter Athen und Heraklion. Allerdings geht der Erfolg mit Problemen einher, denn der Trend zum günstigen All-inclusive-Urlaub ist nirgends auf fruchtbareren Boden gefallen als auf Rhodos. Und davon profitieren die Konzerne, nicht die Insel und nicht ihre Bewohner.

Ich war mit einem sympathischen jungen Pärchen aus dem Großraum London unterwegs, das sich sieben Tage Sonne gegönnt und diese auf irgendeiner Website inklusive Flug spontan gebucht hatte. Durch den Preisvergleich waren sie auf Rhodos und ein vernünftiges Hotel gestoßen, am Flughafen wurden sie abgeholt, in wenigen Tagen würde es zurückgehen. Die beiden wussten ernsthaft nicht, wo sie waren. Ich meine, sie wussten, dass der Boden unter ihren Füßen griechisch war und eine Insel. Alles andere aber konnten sie nicht einsortieren, weder das kleinasiatische Festland, noch die groben Entfernungen oder geschichtlichen Hintergründe. Noch nicht einmal die Inselhauptstadt (Welterbe und ständiges Kreuzfahrtziel) war ihnen ein Begriff oder wurde als Ausflugsziel in Erwägung gezogen. Ihnen ging es einzig und alleine um ein paar Tage Meer und Sonne, und die wurden ihnen auf Rhodos günstig gewährt. Ich kann mir gut vorstellen, dass beide nach wenigen Tagen im Londoner Grau den Namen der Insel vergessen hatten.

20. Grund

Wegen der Fremdenfreundlichkeit

Jahrzehntelang war man auf Zuwächse fokussiert, auf Bettenzahl und Übernachtungen. Inzwischen merkt man auf Rhodos, dass man sich damit verrannt hat und dass ein »Mehr« gar nicht möglich ist. Man merkt, dass Quantität nicht Qualität ist und versucht sich jenseits von Pauschalreisenden ein besseres Image zu geben und so ein anderes Klientel anzuziehen. Die Insel hat (außer Abfall und einem horrenden Wasserverbrauch) nicht viel vom omnipräsenten All-inclusive-Publikum, das noch nicht einmal eine *pita gyros* außerhalb der Hotelanlagen ersteht. Auch von den Kreuzfahrtschiffen im Hafen profitiert niemand – eher im Gegenteil. Niemand aber käme auf die Idee, dies den Fremden anzukreiden oder unfreundlich auf diese zu reagieren. Das Bemerkenswerte an der Entwicklung ist, mit welchem Gleichmut und wie souverän die Griechen damit umgehen – wie bereitwillig sie dem stetig anschwellenden Fluss ein Bett richten und auch Bettenburgen als notwendiges Übel hinnehmen. Natürlich ist der Tourismus gerade dort eine willkommene Geldquelle, wo es an einträglicher Beschäftigung ansonsten mangelt – Griechenland hat als Teil des osmanischen Reichs die Industrialisierung quasi übersprungen, war also nach dem Zweiten Weltkrieg noch so agrarisch-ländlich geprägt, wie Nordeuropa hundert Jahre zuvor. Aber das allein erklärt noch nicht die Freundlichkeit und Zuwendung, die Fremde in griechischen Landen automatisch erfahren. Man muss schon besonders unhöflich, ungesprächig oder geizig sein, um in Griechenland unangenehm aufzufallen und gemieden zu werden. Wer sich nicht völlig störrisch zeigt, der wird eingemeindet auf Zeit, ganz gleich, ob er in der Bettenburg schläft oder in einer Pension.

21. Grund

Weil Zeus der Schutzherr der Fremden ist, aber nicht unbedingt wenn es sich um Barbaren handelt

Das Wort *Tourist* ist im griechischen Sprachgebrauch ebenso neu wie deren gruppenweise Erscheinung am Kai oder in der Taverne. Abgesehen von Rhodos, Athen oder Korfu existierte der *Tourist* vor den sechziger Jahren schlicht nicht, es gab lediglich den *xenos*. Diesen als Fremden zu übersetzen und die *Xenophobie* mit Fremdenfeindlichkeit wie es das Lexikon will, greift viel zu kurz. Mit *xenos* wird *sowohl* der Fremde *als auch* der Gast bezeichnet: Der Begriff meint beides zugleich! Entsprechend wird in der Antike mit *xenia* die Gastfreundschaft beschrieben: die ebenso ritualisierte wie verbindliche Freundlichkeit Fremden gegenüber. Zeus selbst tritt immer mal wieder mit dem Beinamen *Xenios* auf und verkörpert dergestalt die Freundschaftspflicht dem Fremden gegenüber. Der oberste der griechischen Götter ist also zugleich der Schutzherr der Fremden, wenngleich es sich bei diesen in der Antike um Bürger anderer hellenischer Städte gehandelt haben muss – nicht um barbarische Horden aus dem Norden. Niemand muss sich jetzt auf den Schlips getreten fühlen, Barbar bzw. *barbaros* war lediglich der Begriff der alten Griechen für alle, die kein oder nur unverständlich Griechisch sprachen. Selbst die Römer galten anfänglich als von niederer Kultur und als *barbaroi*. Das Wort ist wahrscheinlich lautmalerischen Ursprungs, der Fremde spricht und der Grieche hört nur: »Barrbarrbarrbarr.« Wir dürfen davon ausgehen, dass man sich in diesem Fall der Gastfreundschaft der Griechen und dem Schutz von Zeus wirkungsvoll entzogen hat, denn was gibt es wichtigeres, als die Unterhaltung und den Austausch? Wer diesbezüglich nicht satisfaktionsfähig ist, wie soll der bitte einen guten Gast abgeben. Sprich die antike Gastfreundschaft galt in erster Linie den Griechen untereinander, bzw. all jenen, die der altgriechischen Sprache mächtig waren.

(Anmerkung: Manchen Quellen zufolge galten auch die Makedonier, obwohl durchaus sprachverwandt, den Attikern als *barbaroi* – obschon ein Mann aus Makedonien ein Weltreich und damit das hellenistische Zeitalter begründen sollte: Alexander der Große)

22. Grund

Weil einzig und allein das gesprochene Wort zählt

Das Gespräch bzw. die freundliche Unterhaltung ist heute noch Grundbedingung, um in Griechenland als Mensch anerkannt und umsorgt zu werden. Heute tun Englischkenntnisse und das unter Griechen unwahrscheinlich weit verbreitete Deutsch ein Übriges und erleichtern die Kommunikation ungemein, sodass keiner mehr als Barbar dasteht. Aber das gilt nicht immer, nicht überall und nicht für jeden: Thasos liegt nicht weit von der bulgarischen Grenze und wird neuerdings von dort gerne bereist. Während meiner Zeit in Alexandras Taverne (ich komme noch darauf zurück) wurde ich mehrfach Zeuge, wie irritiert die Griechen auf bulgarische Gruppenreisende reagiert haben, was nicht an den Griechen lag. Die waren freundlich und offen wie immer, wedelten um die Bulgaren jedoch erfolglos herum. Diese wollten oder konnten einfach nicht sprechen, wohl weil des Englischen nicht mächtig. Stattdessen versuchte jeweils der Chef der Gruppe Platznahme, Bestellung, Nachbestellung und Bezahlung per Handzeichen zu regeln und ließ noch nicht einmal die Mimik spielen. Daraus sprach Unfähigkeit, aber es wirkte zugleich herrisch. Und damit kommt man in Hellas nicht klar, gar nicht. Ein Schwätzchen ist in Griechenland das, was bei uns der Handschlag ist. Freundliche Worte gehören einfach dazu, umso mehr, wenn es konkret um etwas geht, einen Wunsch, ein Geschäft oder eine Streitigkeit um die Wasserzuteilung etwa. Der freundliche Austausch ähnelt dann den Eröffnungszügen beim Schach. Kein Grieche kommt sofort auf den Punkt, erst gilt es, sich in Position zu bringen.

23. Grund

Weil der Gast ein Gott sein könnte oder zumindest ein Gottgesandter

Aber ich schweife ab, zurück zu Zeus. Dessen Auftreten als Anwalt der Fremden hat noch einen anderen Grund, der noch weiter zurückliegt bzw. im mythologischen Bereich angesiedelt ist. Es gab nämlich eine Zeit, in der sich Götter und Menschen die griechische Welt teilten – die Menschen gebunden an ihr Äußeres, an ihre Stellung und an die *Polis*, die Götter frei in Gestalt und im Ort ihres Erscheinens. Deswegen konnte es durchaus sein, dass der Fremde in Wahrheit gar keiner war, sondern eine Gottheit (die gibt es ja reichlich), die sich nur einen Scherz erlaubte. Um Gotteswillen durfte man es sich mit dieser nicht verscherzen, sonst hätte man ganz schlechte Karten bei *Zeus Xenios* und das könnte sich bitter rächen. Also lieber einmal zu viel freundlich sein, als ein Mal zu wenig.

Hier liegt übrigens der Urgrund für die auf dem gesamten Balkan heute noch weitverbreitete Ansicht, der Gast käme von Gott oder wäre gottgleich. Wie bekannt diese mythische Auffassung in der antiken Welt war, und wie lange sie sich erhalten hat, zeigt eine Fabel von Ovid, der 43. v. Chr geboren wurde: Zeus und Hermes (in römischer Mythologie Jupiter und Merkur – man darf sich von der Besetzung nicht täuschen lassen, die Römer mögen Griechenland erobert haben, aber die griechische Sagen- und Fabelwelt beherrscht das ganze Imperium und stiftet Ovid zur Nachdichtung an) ziehen als einfache Bauern verkleidet aus, um die Gastfreundschaft der Landbevölkerung auf die Probe zu stellen. In allen reichen Haushalten eines Dorfes werden sie abgewiesen, schließlich jedoch in der ärmlichen Kate eines Ehepaars eingelassen und bewirtet. Die Gastgeber, Philemon und Baucis, geben ihr Bestes, um den Tisch gedeckt zu halten. Doch so viel wie auch getrunken wird, der Krug leert sich nicht. Daran erkennen sie schließlich, dass sie Götter bewirten und zeigen sich bestürzt ob ihrer bescheidenen Behausung. Zeus beruhigt sie, weist sie im gleichen Zuge jedoch an, den nächsten Hügel zu besteigen, so weit wie ein Pfeil fliegen kann, ohne dabei zurück zu schauen. Währenddessen ruft er eine Flut herbei und zerstört sämtliche Häuser, auch die Kate von Philemon und Baucis. Gerade als beide auf dem Hügel angekommen sind und sich umdrehen, sehen sie ihre Kate als Tempelanlage neu entstehen. Sie selbst sollen dort einziehen und fortan als deren Wächter fungieren, als Belohnung für die Gastfreundschaft.

24. Grund

Weil im Mythos Wahrheit steckt

Im heutigen Sprachgebrauch wird als »Mythos« bezeichnet, was sich nicht belegen lässt oder im Widerspruch zu den sogenannten Fakten steht. Dabei ist der antike Mythos zunächst nichts anderes als eine Geschichte, erfunden und erzählt, um die Welt zu deuten. Der Mythos erklärt, ordnet und gibt kulturelle Leitlinien vor. Eine dieser Leitlinien ist die griechische Gastfreundschaft. Die Zeiten, wo man von der Straße weggeklaubt wird, um in irgendeiner Familie mit am Tisch zu sitzen, die sind natürlich vorbei – es kommen einfach zu viele Fremde des Weges, jedes Jahr mehr als drei pro Einwohner Griechenlands, da funktionieren diese Reflexe nicht mehr. Deshalb braucht die Gastfreundschaft eine neue Bühne. Und diese ist die Taverne: Hier gelten die alten Regeln noch und zumindest der Ouzo und die Früchte zum Nachtisch gehen aufs Haus (sogar in Deutschland!). Der Göttergast kann dann statt göttlicher Gabe die Rechnung begleichen, am liebsten bar, dann ist allen Beteiligten und dem Mythos Gerechtigkeit getan. Glücklicherweise bedeutet diese Institutionalisierung der Gastfreundschaft nicht, dass der Tisch in Griechenland ansonsten leer bliebe: Wenn Sie irgendwo auf Besuch sind, dann gehört es zum guten Ton, dass Sie etwas – und sei es eine Kleinigkeit – zum Essen angeboten bekommen. Sie müssen nicht zugreifen und sollten es auch nicht über Gebühr. Es handelt sich um eine Geste, es ist ein Symbol. Auf keinen Fall dürfen Sie das Dargebotene aufessen. Erinnern Sie sich an Zeus' Besuch bei Philemon und Baucis: der Weinkrug blieb voll! Ihr Glas sollte es also auch, zumindest ein paar Zentimeter Füllhöhe sollten bleiben – beim Gehen noch schnell das Glas zu leeren, wie es im effizienten Deutschland gang und gäbe ist, bitte nicht in einem griechischen Haushalt! Mit diesem Trick versichern Sie sich Ihrer Gottgleichheit und beherzigen zugleich Ihre Pflichten als Gast.

Kapitel 3

Die Idee einer Insel

25. Grund

Weil man seinen Ort nicht suchen muss, man wird gefunden

Sagte ich vorhin etwa, wir müssten uns unsere Insel suchen (Grund Nr. 10)? Ich muss ein bisschen zurückrudern: Suchen trifft es nicht ganz. Finden trifft es besser. Als der Winzer und Önologe Alexander Heer zum ersten Mal die Insel Thasos besuchte, geschah dies aufgrund einer Einladung, aufgrund eines Zufalls. Die Insel hat ihn innerhalb weniger Tage Aufenthalt beeindruckt, vor allem die alten Terrassenanlagen oberhalb des Dorfes Kazaviti. Bereits die Phönizier sollen dort Wein angebaut haben. Alexander nahm Bodenproben mit zurück nach Deutschland. Das Labor vermeldete keinerlei nachweisbare Pestizidbelastung, keine Herbizide. Das ist eine kleine Sensation, wo gibt es das sonst noch? Auf den Galapagos-Inseln vielleicht, in Deutschland gewiss nicht. Alex fackelt nicht lange, er kehrt zurück, pachtet einen verwachsenen Bestands-Wingert und eine frische Fläche für Setzlinge und Reihenerziehung. Als Winzer ist er Purist und weiß, Deutschlands Böden sind es nicht. Mehrfach im Jahr fährt er hin, bleibt wenige Tage, nächtigt im Hotel und kümmert sich um das Notwendigste. Er macht Aufbauarbeit, ist nicht von Griechenlandsehnsucht getrieben, sondern von den sensationellen Böden und den alten, autochthonen Rebsorten. Schon beim dritten Aufenthalt ist er kein Fremder mehr im Dorf – jemand, der kommt, der wiederkommt, der tatsächlich physisch arbeitet, der ist willkommen. Die Dorfwirtin Stamatia bietet ihm ein altes Haus an: Käme doch unter dem Strich günstiger als immer ins Hotel, Werkzeug und Gerät könne er auch unterstellen. Alex nimmt an, jetzt hat er ein Haus, Thasos ist seine Insel geworden.

Ähnlich und doch anders Ingbert, der im Nachbardorf Sotiras wohnt – aber »Nachbardorf« ist der falsche Begriff, denn es liegt über dem Berg, im nächsten Tal und damit zwei Stunden Fußmarsch entfernt. Ingbert erzählt eine ähnliche Geschichte. Nämlich die, wie er einst im Quasi-Geister-Dorf gestanden und auf die Mauer einer Ruine geklettert sei. Phänomenale Aussicht bis auf die Festlandsberge. Von da an gab es kein Zurück, er kaufte die Ruine und baute dort sein Haus. Die Aussicht von damals wird durch den jetzigen Balkon noch übertrumpft, es ist wie Fernsehen, wenn nachts die Lichter der Fischkutter ausschwärmen, darüber die Sterne. Ingbert gehört gewissermaßen zur ersten Generation von Deutschen, die sich Griechenland ausgeguckt haben, und weil zwei Wochen Urlaub ein Witz sind, dort seßhaft wurden. Damals waren die Preise noch niedrig und man konnte das Abenteuer eines Hausbaus oder einer Renovierung auf sich nehmen – ohne zu wissen, worauf man sich da wirklich einließ (aber das ist eine andere Geschichte).

Bei Alex und mir lagen die Dinge also anders und Griechenland war schon verteilt, wir kamen als Mieter und als Arbeiter. Alex hatte die Vorarbeit erledigt und sich festgelegt, ich kam einfach dazu.

26. Grund

Weil ein Dorf nicht nur ein Dorf ist, sondern zwei oder drei

Die Mittagsfähre näherte sich dem Kai, ein weißer Sprinter bog um die Ecke und schob sich im Schritttempo über das Hafengelände. Leicht über das Steuer gebeugt und nach links und rechts schauend: Alex auf der Suche nach mir. Ich winkte ohne aufzustehen, der Sprinter hielt an: »Na, endlich!«

Ich war über ein Jahr lang unterwegs gewesen – also richtig unterwegs mit Rucksack und so – mehrfach hatte Alex mich auf die Insel eingeladen, schließlich insistiert, als es gerade gut passte. Das und die Aussicht auf eine längere Station, noch dazu in Griechenland, auf einer Insel: eine paradiesische Vorstellung.

»Wir fahren jetzt erst mal nach Prinos.«

»Aber wir sind doch in Prinos?«

»Wir sind in SKALA Prinou – Genitiv! Hafen von Prinos. ... zu jedem Bergdorf gehört ein Winterdorf mit Hafen – also normalerweise eher so 'ne kleine Mole. Im Sommer zogen die Dörfler einst nach oben, auf der Flucht vor Malaria und Piraten.«

Alex bog auf die Ringstraße ein, beschleunigte und wenige Minuten später kam das nächste Dorf in Sicht, keine zwei Kilometer von der Küstenlinie entfernt.

»Prinos!« deklamierte Alex.

»Voll das Bergdorf!« entgegnete ich.

»Nein. Prinos ist neu, seit den Sechzigern an der Hauptstraße entstanden, als die Bergdörfer verlassen wurden. Eines der Zentren der Insel, wegen dem Wochenmarkt! Erstmal zu Kosta, Bierchen trinken, dann hoch nach Mikro Prinos. Später zeig ich dir Megalo und den Wingert.«

»Und wann fahren wir nach Kazaviti?«

Ich muss an dieser Stelle zugeben, dass neben der Idee einer Insel auch der Name von Alex' Dorf meine Phantasie beflügelt hatte. »Kazaviti« also »Haus des Weins« in grob latinisierter Form – kann man sich nicht ausdenken sowas!

»Mikro und Megalo Prinos SIND Kazaviti.«

Es gibt also oben in den Bergen am Ende des Tals zwei Dörfer mit dem alten Namen Kazaviti: Klein-Kazaviti (Mikro) und Groß-Kazaviti (Megalo). Beide hören zugleich auf neugriechisch Prinos. Zu den Dörfern gehört der Hafen samt Dorf, also Skala Prinou. Die Neugründung des Dorfes bzw. der beiden Bergdörfer am Talausgang heißt ebenfalls Prinos – gewissermaßen das Haupt-Prinos, allerdings ohne diesen Beinamen. Jetzt müsste alles klar sein, oder?

Um sich das alte Leben, den Alltag vorzustellen, muss man diese Reihenfolge allerdings umkehren und die wabenartig angeordneten Häuser von Megalo Kazaviti am Talschluss als Ausgangspunkt nehmen, als das lokale Zentrum. Bis in den September hinein spielte dort das Leben, dann aber ging es hinunter zu den Olivenbäumen, um die Ernte vorzubereiten. Überwintert wurde in Hütten und das gesamte Dorf zog hinunter, eine Eselskarawane der Familien samt Lehrern, Verwaltung und Polizei. Erst nach den Feiern zum 25. März, dem griechischen Nationalfeiertag, ging es wieder hinauf. Die Feste bestimmten den Rhythmus des Lebens, die der Heiligen und deren Kirchen sowie die weltlichen. Der Tanz bot die einzige Gelegenheit für einen Burschen ein paar Worte mit einer jungen Dame zu wechseln. Als Nachrichten und Swing aus den Radios der Bauernhäuser tönen, da gibt es noch keine feste Fährverbindung auf das Festland, da laufen noch die Wasserträger durch die Gassen und bewässern die Gärten, da trocknen die Tabakblätter noch auf den Wohnbalkonen, den *Huiuti*.

27. Grund

Weil die Hauptverkehrsader noch bis vor kurzem das Meer war

Aus genau dem gleichen Grund gehört Skala Sotiros zu Sotiras, Skala Marion zu Maries. Sämtliche Bergdörfer spielen Verstecken, sie ducken sich in die Täler, sind steil an die Hänge gebaut und erst spät zu sehen. Die Hafendorfer hingegen sind in die Länge gewachsen, strecken ihre kleinen Geschäften, Cafés und Restaurants am Meer und an der Ringstraße entlang. Diese, dass muss man wissen, wurde erst in den Siebzigern gebaut. Vorher gab es lediglich Pfade zwischen den Dörfern, also von Tal zu Tal, und aus der Ebene führte jeweils eine Stichstraße vom Hafen zum Dorf hinauf, Verbindungen über flaches Land gab es nicht! Heute gibt es zwar öffentlichen Nahverkehr, doch die Busse verkehren ausschließlich entlang der Ringstraße, sodass die Mikrokosmen der alten Dörfer Bestand haben. Dagegen ist Prinos, also Haupt-Prinos, fast schon eine Stadt, eine Agglomeration, die sich an der Straße gebildet hat, obwohl sie im Grunde aus einer einzigen Kreuzung besteht. Im Umkreis von wenigen hundert Metern gibt es drei Bäcker, zahlreiche kleinere Lebensmittelläden, diverse Cafés, einen Zeitschriftenladen, einen Friseur und Kostas Periptero – diesen steuert Alex an, bzw. setzt den Sprinter direkt davor, sodass den Anwesenden bis auf weiteres die Aussicht genommen ist.

28. Grund

Weil Periptera die unangefochtenen Helden des Einzelhandels sind

Kiosk ist ausnahmsweise mal kein griechisches Wort, es wurde vielmehr von den Franzosen (*kiosque*) aus dem Italienischen importiert (*chioscho*), die es wiederum von den Osmanen hatten: *Köšk*, eine Art Pavillon. Deswegen ist das, was wir für einen griechischen Kiosk halten, in Wahrheit ein *Periptero*. Sowohl der Begriff als auch die Institution selbst sind ein bisschen erklärungsbedürftig: Das Wort geht nämlich auf eine antike Tempelform zurück, den *Peripteros* bzw. Ringhallentempel – Säulen und Wandelgang drumherum, in der Mitte der eigentliche Tempelbau. Genauso sind die *Periptera* aufgebaut, also nicht direkt mit Wandelgängen, aber mit Warenangebot unter Markisen um eine vergleichsweise kleine Innenfläche herum, in der eigentlich nur Platz für den Verkäufer ist – Fenster und Auslagen zu drei Seiten hin, hinten die Tür. Die Dimensionen sind gesetzlich festgelegt, die Innenfläche darf lediglich 1,3 mal 1,5 Meter bemessen, die Markisen (und damit die Ware) dürfen zu allen drei Seiten einen weiteren Meter beanspruchen. Letzteres wird gerne und oft überschritten (größere Markisen, drei bis vier Kühlschränke, Warenständer etc.), aber an das Innenmaß ist man gebunden. Wer einen Periptero betreibt, braucht dafür eine Lizenz und die vergibt die örtliche Präfektur – Periptera stellen gewissermaßen ein staatliches Förderprogramm dar bzw. sollen bedürftige Existenzen sichern. Inwieweit dies bei Kosta der Fall ist, ist mir nicht ganz klar, denn Kosta betreibt gleichzeitig die angrenzende Bar, bedient die Tische und springt nur in den Periptero, wenn gerade jemand Zigaretten kaufen will. Tabak macht nahezu die Hälfte des Umsatzes aus, die 18.000 Periptera Griechenlands erwirtschaften 5 % des Bruttosozialprodukts. Am Syntagma-Platz in Athen und auch in Thessaloniki soll es Periptera geben, die rund um die Uhr offen haben. Die Regel ist jedenfalls, dass dann, wenn alle zu haben – Sonntags, Ostern, Mittags – der Periptero weiterhin die Stellung hält.

29. Grund

Auch wegen dem Konzept des Frappés

Kosta bringt uns erstmal Wasser, Alex fragt:

»Und, was trinkst du?«

»Was trinkt man denn hier?«

Alex bestellt ein Bier für sich und mir einen »Frappé«. Kosta kommt mit einem jener eisgekühlten Gläser für das Bier, die ich im Sommer noch zu schätzen lernen werde. Alex aber ignoriert es und setzt die Flasche so an. Ich bekomme ein durchsichtiges Plastikgefäß mit einer ebenfalls durchsichtigen Kuppel obendrauf, die in der Mitte eine Aussparung hat, in der ein monumentaler Strohhalm steckt. Die Flüssigkeit ist beige, sie ist kalt und sie schäumt. Die Hälfte besteht aus Eiswürfeln.

»What the …?!«

»… doch n' Bier?«

Frappé besteht aus löslichem Kaffee, Eiswürfeln, Zucker und kalt aufgeschäumter Milch. Er wird an jeder Straßenecke verkauft und mit dem Strohhalm getrunken. Er ist eindeutig und empirisch erwiesen die beliebteste Form des Kaffeegenusses in Griechenland, zumindest am Morgen und am Vormittag. Man kann das an jedem beliebigen Ort leicht überprüfen. Der Plastikbecher enthält aber mehr als nur ein Getränk: Kalter Kaffee streckt die Zeit, er lässt sich über einen beliebigen Zeitraum genießen. Ja, er verlangt sogar nach Ausdauer, denn die Eiswürfel müssen ja erstmal schmelzen, der Schaum sich nach und nach verflüssigen, sodass er trinkbar wird. Ich mache natürlich gleich den Anfängerfehler, das Getränk viel zu schnell zu mir zu nehmen, sodass ich auf einem ganzen Haufen Eiswürfel sitzen bleibe und den restlichen Schaum nur mittels lautem Schlürfen in den Mund bekomme. Beides sehr ungriechisch, denn Frappé bedeutet, Zeit zu haben, sich Zeit zu nehmen, sich niederzulassen und in Ruhe zu schauen, was der Tag bringt. Dies gilt selbst in Thessaloniki und für den Frappé-to-go: Die Zeit, die das Getränk einfordert, wird dann eben ebenfalls mitgenommen, auf dem Mofa oder im Bus bis an den Arbeitsplatz. Frappé bedeutet also, es ruhig angehen zu lassen, während in Deutschland frühmorgendliches Doping üblich ist, in Italien der schnelle Schuss und man in Albanien das Kunststück fertigbringt, auch über Espresso stundenlang zu sitzen. Dass es in Griechenland heute noch soviel Zeit gibt, wo doch im Rest der Welt Knappheit herrscht, muss daran liegen, dass sie dort erfunden wurde.

30. Grund

Weil Zeus auch nur ein Kind der Zeit ist …

Laut Bibel scheidet Gott das Licht vom Dunkel und die Wasser von der Erde, was unserer Existenz ebenso förderlich ist, wie die Einführung der Zeit durch das Chaos und dessen Kinder! Zeit muss schon dagewesen sein, bevor Gott oder wer auch immer die Erde schuf. Ohne Zeit gäbe es keine Taten, es gäbe weder Geschichte noch deren Verlauf. Ohne Geschichte wiederum gäbe es kein antikes

Griechenland und auch nicht dessen Mythen und wir hätten nicht nur ein Sommerziel weniger, sondern kämen gar nicht erst hin, weil ohne Zeit kein Ort. Am Anfang war laut griechischer Mythologie nur das Chaos. Es bleibt unklar, wie es zuging, dass aus Chaos fünf Gottheiten hervorgehen: Gaia (Erde), Nyx (Nacht), Tartaros (Unterwelt), Eros (Begierde) und Erebos (Finsternis und damit Partner von Tartaros). Gaia soll zusammen mit Nyx den Uranos und damit den Himmel hervorgebracht haben, schlicht weil Gaia nach Gesellschaft war. Mit Uranos kommt das männliche Element in die Welt und mit diesem hat sie eine ganze Reihe an Nachwuchs: die Titanen, die Kyklopen sowie drei weitere riesenhafte Söhne mit je hundert Armen bzw. 50 Köpfen. Allesamt nicht die Allerhübschesten und so verbirgt Uranos sie in der Unterwelt (also bei Tartaros), bis Gaia die Titanen auffordert, sich gegen den Vater aufzulehnen. Nur der Jüngste folgt ihr: Kronos (Zeit). Dieser wartet ab, bis Uranos sich anschickt, Gaia erneut zu begatten, und schneidet ihm sodann das Geschlechtsteil ab und wirft es im hohen Bogen fort. Das Blut aus der Wunde jedoch befruchtet Gaia trotzdem, woraus die Giganten, die Erinyen und die Nymphen hervorgehen. Das entsorgte Geschlechtsteil befruchtet das Meer, es schäumt auf und gebiert Aphrodite. Mit Kronos übernimmt die Zeit die Herrschaft und führt seinerseits ein leicht gewalttätiges Regiment. Falls Sie sich fragen, wo in alles um der Welt Zeus bleibt: Der ist als Kronos jüngster Sohn etwas später dran und gehört nicht zur Erstbesetzung der griechischen Götterwelt, den Protogöttern, sondern muss sich seine Herrschaft erst erkämpfen. Wird ebenfalls ein bisschen blutig, aber das ist logisch, auch Zeus ist nur ein Kind der Zeit.

... und sich erstmal durchsetzen muss

Klar, heute gilt Zeus als gesetzt und wir wissen auch, von wo aus er regiert. Aber das war keinesfalls eine ausgemachte Sache, sondern musste sich erst ergeben ... Also erstmal wieder zurück zu Kronos: Der wird für den Vatermord von seinen Geschwistern umjubelt und teilt diesen jeweils einen klar definierten Aufgabenbereich zu. Er setzt, um mit all seiner Zeit etwas Vernünftiges anzufangen, die Welt in Gang: Helios zum Beispiel lässt die Sonne erstrahlen, während Okeanos die Meeresströmungen sowie Ebbe und Flut in Bewegung hält. Dessen Schwester Selena gibt den Mond und das kosmische Spiel aus Werden und Vergehen hat begonnen. Eros wird ebenfalls aktiv und verkuppelt Kronos mangels Auswahl mit dessen Titanen-Schwester Rhea. Weil Kronos aber ob der Entmannung des Vaters ein schlechtes Gewissen plagt, hat er Angst vor einem ähnlichen Schicksal und daher vor seinen eigenen Kindern – also verschlingt er sie gleich nach der Geburt. Rhea bringt den Jüngsten, Zeus, jedoch im Verborgenen zur Welt – auf Kreta heißt es.

Zeus sinnt auf Rache, bringt Kronos erst dazu, die verschlungenen Geschwister wieder auszuspucken (unter anderem Demeter, Hera, Hades und Poseidon), zerstückelt ihn und wirft alles Tartaros zum Fraß vor. Jetzt ist er der Gott der Götter, die Zeit der olympischen Gottheiten und damit einer gewissen Stabilität hat begonnen. Zeus wird übrigens »se-uß« ausgesprochen. Merken Sie etwas? Auf Latein Deus, Spanisch Dios, Französisch Dieu, Neugriechisch Theos: Alles das Gleiche.

32. Grund

Weil man immer nur den Vornamen benutzt

Kostas Periptero (Grund Nr. 28) wird hinfort auch zu meiner Anlaufstelle in Haupt Prinos wenn ich in Zukunft ein Päuschen einlege, dann wird es dort sein. Zum einen wurde ich ja durch Alex eingeführt und mein Vorhandensein auf der Insel wurde erläutert (Das ist wichtig! Und es ist besser, man wird eingeordnet, als das selber tun zu müssen.) Zweitens kenne ich Kosta jetzt ja, kann mich setzen und »Yassas, Kosta. … ena Vergina parakalo. Siga-siga!« in den Raum rufen. Anderen jedoch zu erläutern, dass ich bei Kosta bin, reicht nicht aus, jeder kennt mehrere Kostas und mindestens einer hat eine Bar oder ein Café. Also muss man präzisieren, was aber nicht mit dem jeweiligen Nachnamen geschieht. Im Normalfall kennt man den gar nicht. Auch den Namen der Bar durchzugeben hilft nicht, denn die Bar heißt ja »Bei Kosta«.

Es ist nicht von der Hand zu weisen, dass bei der Vergabe von Vornamen in Griechenland eine gewisse Eintönigkeit herrscht. Diese ergibt sich daraus, dass man nicht auf Modenamen zurückgreift, sondern die der Großeltern nimmt. Dies begrenzt die Auswahl auf einen Reigen orthodoxer Heiligennamen, ergänzt von weltlichen Ausflügen wie zum Beispiel *Lefteris*, was Freiheit heißt. Der Lefteris, den ich kenne, heißt übrigens mit Nachnamen Elefteriadis, was schon reichen würde, hätte er nicht noch dazu eine Elefteria geheiratet! Nun drehen sich noch dazu die Nachnamen im Kreis, beschränken sich zumindest auf einer Insel auf ein gutes Dutzend wiederkehrender Silbenabfolgen, sodass in der Folge Name und Zuname ebenfalls nicht ausreichen, um eine Person eindeutig zu identifizieren. Und selbst wenn man den Nachnamen weiß, ist noch lange nicht gesichert, dass dies auch auf den Gesprächspartner zutrifft. Deshalb kommt einem der Spitzname zu Hilfe, denn so ein Dimitris kann im Alltag Mimi heißen oder Dimi, aus Konstadinos wird entweder Kosta oder Dinos. Wenn das nicht ausreicht, dann helfen Wohnort und Tätigkeit oder Ehepartner weiter: Stamatia bzw. Stamata, aus Kazaviti, die mit der Taverne, Ehemann Yannis, der Ziegenhüter, Kosta ist der mit dem Periptero. Jetzt haben wir eine alltagstaugliche Eindeutigkeit erreicht, die jedoch für die Behörden nicht ausreicht. Die haben sich etwas anderes einfallen lassen, was mich immer wieder überrascht, jedoch aufgrund des Namenkanons nur logisch ist: Auf noch den belanglosesten Formularen, einem Mobilfunkvertrag, der Stromrechnung, einer Barüberweisung oder diesen *Passenger Locator Forms*, die anlässlich der Pandemie überall ausgeteilt (und meist nicht wieder eingesammelt) wurden, gilt es den Vor- und Zunamen nicht nur von sich selbst, sondern auch des Vaters einzutragen. Und jetzt verstehen Sie auch warum.

33. Grund

Weil die Griechen alle den gleichen Vornamen haben

Ein Urlauberpärchen meinte mir gegenüber, die Griechen hätten wohl alle denselben Vornamen. Jedenfalls die Männer, dies sei nicht zu überhören. Welcher das denn sein solle, wollte ich wissen, und dachte an all die Kostas, die Dimitris und die Nikos in meiner Bekanntschaft.

»Na, Malaka!«

Und das stimmt! Allerdings dient *Malaka* nicht nur der gegenseitigen Ansprache, sondern wird auch zur Auflockerung zwischendrin eingestreut oder auf Dritte angewendet. *Malaka* bedeutet *Wichser* und hat in der griechischen Sprache einen ähnlichen Stellenwert wie die *Scheiße* in der deutschen oder das *Fuck* im Englischen. Wobei es von der Intonation abhängt, ob es sich um eine Beschimpfung oder eine liebevolle Huldigung handelt, etwa im Sinne von *du klei-*

ner Scheißer. Selbst Yannis hat mich einmal aus Versehen *Malaka* genannt, was ich als Ehrung wahrnahm, bedeutete es doch, dass er mich als seinesgleichen sieht, der Malaka!

34. Grund

Weil Asche auch Wiedergeburt bedeutet

Thasos wird ähnlich wie Korfu als grüne Insel bezeichnet bzw. als Smaragd angepriesen. Das entspricht so nicht ganz der Wahrheit, die liegt, fürchte ich, jenseits der Absichten von Reisekatalogen und Blogartikeln. Wobei ich mich oft frage, wie es sein kann, dass so viel Energie, Bytes und Lesezeit darauf verwendet werden, Stereotypen zu bedienen, die Wirklichkeit einzudampfen oder zu übersteuern, sodass lange Gesichter vorprogrammiert sind. Thasos hat mit einem Smaragd nicht mehr viel zu tun, seit mehrere Großbrände das Hochland in Schutt und Asche gelegt haben. In Kazaviti fraß sich das Feuer 2015 bis an die höchstgelegenen Häuserzeilen des alten Dorfkerns. Alexanders Weinberg entging nur durch Glück der Feuerwalze. Ein heftiges Gewitter hatte sich nachts über Thasos entladen und oben in den Bergen die ausgedörrten Wälder in Brand gesteckt. In Windeseile verbreitete sich das Feuer und stürzte vom Fallwind angetrieben bergab. Mit dem Gartenschlauch in der Hand seien die Anwohner am Straßenrand gestanden und hätten der Feuerwehr so den Rückzug gesichert.

Wir schießen mit dem Sprinter die Straße entlang, die auf der rechten Talseite in den Hang gebaut ist. Unter uns markieren verkohlte Kiefernstümpfe die maximale Ausdehnung des Feuers, rechts oben am Berg kommt Mikro Kazaviti in Sicht, an den Berghängen darüber ist alles verbrannt. Ein paar Tage später werden wir hinaufsteigen, über Megalo durch verkohlte Kiefernwälder bis auf den Grat: Die Hitze muss so stark gewesen sein, dass es Felsen und Steine zersprengt hat und das Harz der Bäume verkocht ist. Teilweise stehen nicht einmal mehr die verkohlten Stümpfe, die Bäume sind bis in die Wurzellöcher hinein verschwunden, zu Nichts verbrannt. Wo sie wurzelten, tun sich nun tiefe, wildverzweigte Löcher auf, die aussehen, als handele es sich um überdimensionale Kaninchenbauten. Vom Kamm aus kann man sehen, welchen Weg das Feuer genommen hat, in welches Tal es gesogen wurde und welches verschont blieb. Von wegen »grüne Insel«: Thasos wirkt über große Strecken braun, beige oder schwarz. Silbrig-grün schimmern nur mehr die Olivenhaine in der Ebene. Zwischen den verkohlten Stümpfen wachsen die Kiefern aber bereits nach, werden wie Phoenix aus der Asche empor schießen und Raum greifen, bis zum nächsten Feuer.

Für die ansonsten durchaus üppige Vegetation auf Thasos sei im Übrigen der Nestos verantwortlich, einer der fünf großen Flüsse Griechenlands.

»Aber der ist doch auf dem Festland?« Der Nestos fließt nordöstlich von Thasos ins Meer und bildet ein gewaltiges Delta.

»Ja schon! Aber Teile fließen unterirdisch weiter und kommen auf Thasos wieder an die Oberfläche. Deshalb die Quellen in den Bergen!«

Und das stimmt, auch im Tal von Kazaviti gibt es überraschende Quellen – so auch oberhalb des Wingerts und in Mikro Kazaviti. Ich habe Jahre gebraucht, um das Rätsel zu lösen. Die Bekanntschaft mit einer Geologin brachte ans Licht, dass es wasserführende Schichten sind, die vom Festland aus unter das Meer gedrückt und auf Thasos wieder aufgeworfen werden. Thasos profitiert also vom Winterregen in den weit entfernten Bergen an der Grenze zu Bulgarien. Erst im Sommer lässt der Wasserdruck nach und die Quellen werden zu Rinnsalen. Die Steinrinnen an den Bergflanken sind keine Bachläufe, es handelt sich vielmehr um Ablaufrinnen, die sich nur bei Regen füllen. Dann, und vielleicht im Frühling, führt der Fluss im Tal Wasser. Einmal, nur einmal, habe ich das gesehen.

Die Thassier pflegen ein grundsätzlich romantisches Verhältnis zu ihrer Insel – romantisch im Sinne von verklärend: Thasos sei die Insel der Sirenen. Sie wissen schon: Jene Insel, die Odysseus nur passieren konnte, indem er sich am Mast festbinden ließ. So konnte er den Gesang der Sirenen zwar hören, musste ihm aber nicht folgen und Kurs auf die Insel nehmen, was den sicheren Tod bedeutet hätte. Der Lockgesang verspricht jenen, die ihm folgen, die Offenbarung der Zukunft samt Zugang zu allem Wissen der Menschheit – bei Homer sind es drei Sirenen, halb Vogelwesen, halb Mensch. Dass dies jedoch zwangsläufig ein böses Ende nimmt, das beweisen die ausgeblichenen Knochen und vermodernden Leichname auf der Sireneninsel, von denen Homer berichtet. Nun gibt es aber überhaupt keine Belege dafür, dass Homer Thasos auch nur annähernd im Sinn hatte, als er die Odyssee niederschrieb. Im Gegenteil: Odysseus' nächste Station, die Passage zwischen Skylla und Charybdis, wird im allgemeinen mit der Meerenge von Messina gleichgesetzt und die ist ein bisschen weit weg. Auf Thasos ist man davon wenig beeindruckt und wiederholt den geographischen Anspruch auf den Sitz der Sirenen oft und gerne – immer mit dem Verweis auf die verführerische Schönheit der Insel, nie wird dabei berücksichtigt, dass doch diese Sirenen den Tod bedeuten. Thasos wäre ein Knochenberg.

Keinem Insulaner, dem ich jemals begegnet bin, nicht auf Kreta (das ja eigentlich ein Kontinent für sich ist), nicht auf Korfu, nicht auf Rhodos, nicht auf Naxos und ebensowenig auf Thasos, kam es jemals in den Sinn, seine Insel gegen eine andere tauschen zu wollen, oder auch nur die Möglichkeit in Erwägung zu ziehen, eine andere könnte nicht einfach nur anders sein, sondern schöner. Die Sehnsucht der Insulaner zielt, wenn überhaupt, auf die nahen Städte des Festlands, im Falle von Thasos auf Kavala, Komotini, Alexandroupoli oder eben Thessaloniki. Dort spielen die Träume und Zukunftspläne, dort sind die Hochschulen, die größeren Kliniken und das ganze Geschehen. Vor kurzem habe ich Dimitra kennengelernt, deren Familie in Megalo Kazaviti lebt und die jetzt in Alexandroupoli eine Ausbildung macht. Die Sommermonate verbringt sie auf der Insel und sie schwärmt, das Beste beider Welten zu genießen: Wenn die Stadt infolge hoher Temperaturen unangenehm werde, dann würde sie zusammenpacken und ins Bergland der Insel ziehen – sobald dort der erste Regen fiele und das Dorf ausstürbe, zurück in die Stadt. Dies sei perfekt. Ein Insulaner – und dazu zählen alle, die sich auf einer Insel niedergelassen haben – hört auf zu wählen und zu träumen, es gibt für ihn nur noch diese eine Insel. Mehrere zu haben, mehrere für den Sommer in Erwägung zu ziehen, das gehört zu den Privilegien der Großstädter, der Vermögenden, der Touristen und Auslandsgriechen. Wenn Sie also weiter von der Insel träumen wollen, um Gottes willen, lassen Sie sich auf keiner nieder!

Auch um die Illusion von Arkadien und der Idylle am Leben zu erhalten, ist es ratsam, die Griechenlandaufenthalte auf ein zeitliches Minimum zu beschränken. Nur indem man einem Phantom hinterherläuft, kann man es festhalten. Griechenland und insbesondere seine Inseln mögen uns als ein Rückzugsort von den Zumutungen der modernen Arbeitswelt und unserer durchindustrialisierten Lebensweise erscheinen, für die Griechen stimmt beides nicht. Erinnern Sie sich deshalb beizeiten an das, was Gertrude Stein dem jungen Robert Graves bezüglich der heutigen Touristenhochburg Mallorca mit auf den Weg gegeben hat: »It is a paradise, if you can resist it!« … und seien Sie sich gleichzeitig im Klaren darüber, dass Graves den Rat gründlich in den Wind geschlagen hat, nach Mallorca ging und dort zeitlebens wohnen blieb.

35. Grund

Weil man mitgenommen wird

Wenn schon eine Insel isoliert liegt (lat. *Isola*), dann umso mehr die Dörfer im Inselinneren. Wer auf dem Festland lebt, dem bieten sich Wege in alle Richtungen. Und jede Richtung verspricht weitere Abzweigungen und Verästelungen, sodass Übersicht kaum möglich ist. Von Kazaviti aus aber gibt es nur einen Weg und der führt nach Haupt-Prinos, dort kann man sich fürs Links- oder fürs Rechtsabbiegen entscheiden. Von Kazaviti bis zur Hauptstraße und damit zum Busverkehr sind es fast fünf Kilometer Fußmarsch, immer die Straße entlang, die abgesehen von ein paar anfänglichen Kurven ziemlich schnurgerade talabwärts führt. Das ist theoretisch innerhalb einer guten Stunde machbar. Gesetzt man läuft zu einer vernünftigen Tageszeit los, also vormittags, wenn auch andere in der kleinen Stadt zu tun haben, kann man aber sicher sein, mitgenommen zu werden. In drei Jahren habe ich es nicht ein einziges Mal geschafft, die gesamte Strecke zu Fuß zurückzulegen – meistens war ich nur ein paar hundert Meter aus dem Dorf hinaus, ja hatte noch nicht einmal nach dem von hinten nahenden Auto gewunken, als dieses schon anhielt und man mich einlud, mitzufahren. In den wenigsten Fällen geschah dies, weil man mich erkannt hatte, meist war dem so, weil dem eben so ist: Man nimmt sich eben mit. Einmal allerdings hat dieses System versagt, zwei, drei Autos waren bereits vorübergefahren und ich schon weit unterhalb des Dorfes unterwegs und wollte schon die Hoffnung aufgeben, da näherte sich ein Motorradfahrer: »Dich kenn ich doch! Na, steig auf!«

In die Gegenrichtung funktioniert dies genauso gut, man muss nur aufpassen, dass man nicht zu spät aus Prinos loskommt. Spätestens um eins sind alle in den Bergdörfern zurück und es kann passieren, dass man kilometerweit laufen muss. Dies ist insbesondere in der Mittagssonne und samt den Einkäufen im Rucksack kein Spaß! Außerdem darf man auch nicht darauf spekulieren, dass dieses System auf anderen Strecken ebenso gut funktioniert: Entlang der Küste, wo die ganzen Mietautos unterwegs sind und zwischen den Dörfchen beschleunigen, was das Zeug hält, da kommt keiner auf die Idee anzuhalten und einen mitzunehmen – auch nicht, wenn man winkt. Dort ist man ein Fremder, nicht aber auf der Straße nach Kazaviti.

36. Grund

Weil nur die Taube auf dem Dach wirklich zählt

Eine Insel wie Thasos lebt auch vom Stillstand: Über Jahrhunderte hinweg stellte jede Veränderung eine Bedrohung dar oder wurde zumindest als solche empfunden – als Gefahr für die althergebrachten Lebensweisen. In Gestalt von Invasoren, Händlern oder neuerdings Touristen kam das Neue stets vom Festland. Es waren und sind zudem immer dieselben, die etwas ändern oder verbessern wollen, die mit komischen Ideen anrücken: Auswärtige, Ausländer und Rückkehrer. Da will doch dieser Stavros, kaum dass er aus England zurück ist, ein indisches Restaurant aufmachen – indisch! In Haupt-Prinos! Studiert man etwa Betriebswirtschaft, noch dazu im Ausland, um anschließend solche Flausen im Kopf zu haben? Zugegeben, selbst ich wage zu bezweifeln, dass ein indisches Restaurant in Haupt-Prinos wirklich eine gute Idee ist – wenn, dann in Limenas, wo die Chance, ein experimentierfreudiges Publikum anzuziehen, das sich bereits an Kalamari, Gyros und Souvlaki satt gegessen hat, ungleich größer ist. Die Widerstände, die dem Neuen und Innovativen entgegen gebracht werden, reichen von der warnenden Stimme bis hin zur offenen Sabotage. Stavros hält trotzdem über Jahre hinweg stur an seiner Idee fest – und weil es die Idee ist, in die er verliebt ist, muss er sie nicht realisieren. Er unternimmt keinen einzigen Schritt, um das Vorhaben in die Tat umzusetzen, wodurch die Diskussion dort verbleibt, wo sich die Griechen am liebsten aufhalten: im Reich der Ideen. Der Vorteil davon ist, dass beide Parteien im Recht bleiben: Stavros kann sich vormachen, sein Restaurant wäre ein Erfolg, und die Kritiker und Zweifler können weiterhin die unausweichliche Pleite beschwören.

Man muss dabei zugeben, dass die Ideen der Ausländer und Rückkehrer allzu häufig die Rechnung ohne den Wirt, die Wirtin, machen, sprich die Bedürfnisse der Einheimischen unberücksich-

Prinos gibt es gleich dreimal und die Siedlung am Fährhafen steht deshalb nicht allein sondern im Genitiv: Skala Prinou (vgl. Grund Nr. 26)

Man fährt nicht einfach so nach Griechenland, man setzt über. Das Schiff ist das Verkehrsmittel schlechthin, wer auf eine Insel fliegt, verpasst das Wesentliche. Aber ich habe gut reden, denn Thasos hat gar keinen Flughafen.

Die Gangsterkatzen von Kazaviti: Sie erpressen die Taverne, indem sie diese umzingeln! Oder ist es anders herum und Stamatia hat sie erst angelockt? (Grund Nr. 40)

Oben: Thessaloniki ... doch hängt mein Herz an Dir, du bunte Stadt am Meer!
Unten: Rund um Kazaviti gibt es einsame Kirchen für verschiedenste Heilige.

Die Altstadt von Kerkyra (Korfu) in der Nebensaison und abseits der Hauptpfade.

Der alte Hafen von Limenas, also im Zentrum der Inselhauptstadt. Alexandras Taverne (Grund Nr. 64) befindet sich rechts direkt hinter dem größeren Schiff.

Thasos ist fast kreisrund, mit hohen Bergen im Inselinneren und hundertjährigen Olivenbäumen allenthalben – auch wie hier direkt an der Ringstraße.

Oben: In den Bergen, dort, wo die Feuer wüteten (vgl. Grund Nr. 34).
Unten: Das ist original der Blick zum Festland von Stamatias Taverne aus.

Megalo Kazaviti am Talschluss – vom Weg zum Wingert aus gesehen.

Man kommt als Insulaner gar nicht so häufig zum Baden, aber wenn, dann hier: Hinter dem Campingplatz von Skala Prinou ist selten etwas los.

Nur noch in Teilen eine Smaragdinsel: Zahlreiche Brände haben das Inselinnere von Thasos verheert.

tigt lassen: Yannis hat mir die Geschichte eines frühen Rückkehrers erzählt, Truman. Das sei natürlich nicht dessen wirklicher Name, den habe er vergessen, aber ganz Haupt-Prinos habe ihn Truman genannt – nach dem amerikanischen Präsidenten. Truman muss in den späten Sechzigern nach Thasos zurückgekehrt sein. In Amerika war er reich geworden, jedenfalls nach den Maßstäben der damaligen Zeit und reich genug, um sich einen kleinen Laden anzumieten. Nicht in einer der Seitengassen, sondern dort, wo ein Laden sein muss, der etwas auf sich hält: direkt an der Kreuzung. Das Schaufenster habe Truman mit den Produkten dekoriert, die er aus Amerika mitgebracht hatte. Genauer gesagt, *dem* Produkt, denn es habe nur eines gegeben: 500 Krawatten im blau-rot-weißen Design der *stars and stripes*. Eine trug er täglich selber, auf der Straße, im Café, sowie im Ladengeschäft. Es ist nicht überliefert, ob er von den restlichen 499 auch nur eine einzige an den Mann brachte, bevor er ein halbes Jahr später aufgab und nach Amerika zurückkehrte.

37. Grund

Weil man sich in Griechenland sehr lange jung fühlen darf

Alex hat sich den Respekt vor allem der älteren Dorfbewohner allein dadurch erarbeitet, dass er den Boden bewirtschaftet, also ganz konkret etwas schafft. Er unternimmt damit das genaue Gegenteil von dem, was die griechische Jugend anstrebt, und baut sich eine Existenz auf dem Dorf auf, indem er körperlich arbeitet. Es gibt in Kazaviti schlichtweg niemanden, der vorhat, einmal eine Ziegenherde zu übernehmen oder den Gemüsegarten zu bewirtschaften. Es ist die Generation der Alten, die das heutige Griechenland am Laufen hält, folglich ist es vom Verschwinden bedroht. Dies liegt zum Einen daran, dass es in Kazaviti und auch in Haupt-Prinos außer schlecht bezahlten Dienstleistungsjobs in der Gastronomie und während der Saison, kaum Arbeit gibt. Wer jung ist und kein Bauer werden will, der muss weg – also alle! Erst für die Ausbildung, dann für ein Studium, und schließlich für einen Job. In Thessaloniki oder Athen, wo mehr als die Hälfte aller Inlandsgriechen lebt, fällt einem das nicht unbedingt auf, aber der griechische Altersdurchschnitt steigt unaufhaltsam: Ein Viertel der Bevölkerung ist älter als 65 Jahre. Schuld ist nicht nur die niedrige Geburtenrate (die neu eingeführte Babyprämie von 2.000 € wird daran nicht viel ändern), sondern vor allem die Abwanderung. Etwa 200.000 junge, gut ausgebildete Griechen haben in Zusammenhang mit der Finanzkrise das Weite gesucht und sind ins Ausland gegangen (andere Quellen sprechen von bis zu einer halben Million!) – ein ganz erheblicher *Braindrain*, der für strukturelle Probleme sorgt. Auch deshalb gelten Alex und ich in Kazaviti mit unseren über vierzig Lenzen als junge Wilde, als leicht verrückte Jungspunde, über deren komische Ideen man hinwegsieht und sie als Spleen abtut, die der Jugend und der mangelnden Erfahrung geschuldet sind. Ich habe mein Abitur im letzten Jahrtausend gemacht und trotzdem nennt mich Yannis alle Nase lang »Junge!«. Mein Eindruck ist zudem, dass die griechische Jugend (also alle unter 40) weder zur Selbstständigkeit erzogen werden, noch diese wirklich suchen. Was mir Anfang 20 sinnvoll erschien, nämlich nach Berlin zu ziehen und in meinem eigenen Haushalt zu leben, ist in Griechenland schon aufgrund des Lohnniveaus unmöglich. Keiner, der in einer Cafeteria arbeitet, oder als Berufsanfänger kurz gehalten wird, kann sich eine eigene Wohnung leisten. Könnte er oder sie es, dann würde sich garantiert die Familie dagegen aussprechen, die unnötigen Ausgaben beklagen, und das Küken so lange wie möglich an Heim und Herd halten. Ausgezogen wird nur im Falle einer Heirat und selbst das ist nicht sicher.

Griechenland und insbesondere die Inseln sind schon seit 200 Jahren Abwanderungsgebiete, das gute Leben winkt woanders. Die erste Auswanderungswelle der Moderne setzte bereits mit dem Fall von

Konstantinopel 1453 ein, als Griechenland dem Osmanischen Reich einverleibt wurde. Auf den Unabhängigkeitskrieg von 1821 bis 1829 (wir kommen noch darauf zurück) folgte eine Massenmigration von Piräus aus nach Übersee bzw. nach Australien, Süd- und Nordamerika. Mit etwa 300.000 griechischstämmigen Einwohnern gilt Melbourne heute als drittgrößte griechische Stadt. In Deutschland leben ungefähr 400.000 Menschen griechischer Herkunft, insgesamt 40 % aller Griechen halten sich nicht dauerhaft in Griechenland auf.

38. Grund

Weil Urlaub ohne Griechen unvorstellbar ist – auch für die Griechen!

Zweimal im Jahr aber kehrt sich die gesamte Bewegung um, zweimal im Jahr kommen Griechen aus dem Ausland und aus der Großstadt aufs Land zurück und in das Dorf.

Einmal zum orthodoxen Osterfest, das sich über Tage hinzieht und im Kreise der Familie gefeiert wird, also einen ähnlichen Status besitzt, wie Weihnachten bei uns. Besuchen Sie mal Athen zu Ostern: die Stadt ist leer! (Jetzt bitte nicht vorschnell buchen, erstmal aktuelle Termine checken: das orthodoxe Osterfest ist später im Jahr als das katholische.)

Der zweite Termin liegt im Sommer, namentlich im August: Ein Ausflug nach Berlin, Paris oder Mailand – immer gerne, aber richtige Sommerferien machen Griechen ausschließlich in Griechenland … eine griechische Familie, die in Kroatien urlaubt, am Strand von Rimini liegt oder noch vermessener, im Ostseebad Binz flanieren geht, das ist völlig unvorstellbar. Und ein bisschen sinnlos: Warum sollte man sich so ein Downgrade antun, das womöglich teurer kommt und kürzer ausfällt. Und das ohne die anderen, die man in Volos, auf der Halbinsel Kassandra oder am Strand von Finikounda automatisch trifft, Jugendfreunde, Verwandte, Griechen. Urlaub ohne Griechen – unmöglich! Wer im Paradies lebt, der verlässt es im Sommer doch nicht.

39. Grund

Weil man in Griechenland aus der Welt fallen darf

Mikro und Megalo Kazaviti liegen am Ende des Tals wie am Ende der Welt. Zunächst duckt sich Mikro auf halber Höhe an die rechte Talseite und bietet keinerlei Panorama, dann läuft die Straße weiter und die Häuserzeilen Megalos erscheinen wie weiße Treppenstufen an den Talschluss gebaut – makedonische Häuser mit Erkern und teils den original Steinschindeln, zwischendrin der Kirchturm und die mächtigen Platanen des Dorfplatzes. Nur noch eine Handvoll Häuser sind blaugetüncht, wie es traditionell der Fall gewesen sein soll – eine Reflexion des Meeres im Bergland.

Yannis erzählt, dass dort 120 Kinder saßen, damals, als er zur Schule kam. Alle Familien hätten Ziegen gehalten – morgens nach dem Melken wurden diese zum Sammelplatz getrieben, von dort sei der Ziegenhirte mit ihnen los. Abends habe er sie wiedergebracht, sie seien über den kleinen Dorfplatz gerannt, am Kafenion vorbei, jedes in sein Zuhause.

Beide Bergdörfer wurden Ende der fünfziger Jahre jedoch fluchtartig verlassen, Terrassenanlagen und Weingärten zugunsten von Lohnarbeit größtenteils aufgegeben. Die Dorfbewohner siedelten an die Küste über oder gingen gleich ins Ausland. Es war nicht nur die neue Ringstraße, die dem Dorfleben den Garaus machte, es war auch das harte Leben dort oben und der lange Schulweg. So kam es, dass nur die Alten blieben, die Ziegenhirten und die Bauern. Bis auf zwei, drei Familien muss Megalo Kazaviti vollständig verlassen gewesen sein, als das Schicksal einen deutschen Biologen und Ethnologen dorthin verschlug, Thomas Schultze-Westrum. Dieser war 1973 auf Familienurlaub, als ihm der Strand zu langweilig wurde und er einen Taxifahrer bat, ihm doch ein altes Dorf zu zeigen. Eine halbe Stunde später landete er auf der Platia von Megalo Kazaviti und konnte die Straßen lesen, den Balken die Geschichten ablauschen und den Alltag vergangener Tage erahnen. Es kam ihm vor wie ein zweites Pompeji, ihm schien, als habe ein Unglück die Bewohner mitten aus dem Alltag gerissen. Alles wurde stehen und liegen gelassen: die Sense an der Hauswand, die Johannisbrotschoten im Trog, das Geschirr in der Küche.

Manola heißt das imposanteste Haus des Dorfes, 1807 als Dependance von Athos-Mönchen errichtet – wahrscheinlich von albanischen Baumeistern des Osmanischen Reiches. Unten der Stall und die Weinstampfe, die Werkstätten und die Küche, oben die Wohn- und Schlafgemächer. *Manola* aber ist der Familienname, alle Häuser Kazavitis sind nach ihren Familien benannt. Im Anschluss an die kleinasiatische Katastrophe, also die Vertreibung der griechischen Bevölkerung aus der heutigen Türkei, wurde auf Thasos Klosterbesitz an die Geflüchteten verteilt.

Eine Besichtigungsrunde aber reicht Schultze-Westrum nicht, auch keine zweite, denn er weiß, Häuser wollen geliebt werden, um zu leben. 1975 siedelt er nach Kazaviti über und bleibt. Schultze-Westrum findet erst sich selbst ein altes Haus, in das er ohne viel zu renovieren samt seinen Schätzen aus der ganzen Welt einzieht, bevor er sich weiterer Häuser annimmt, sie notdürftig in Stand setzt, um sie an Sommerfrischler zu vermieten. Die Fremde und die Verlassenheit schrecken ihn nicht, ihn, der während der Kriegsjahre auf einem Einödhof in Niederbayern aufgewachsen ist, der in Papua Guinea gelebt hat, und in einer Villa unterhalb der Akropolis. Jetzt wohnt er in einem alten makedonischen Bauernhaus.

Er wird zum Deutschen von Kazaviti, zu demjenigen, der mit den Häusern auch die Katzen adoptiert. Letztere mehren sich ebenso wie die Besucher, die Griechenlandfahrer, die nach dem Ende der

Diktatur nicht nur die Kykladen, sondern auch Makedonien entdecken – nach Thessaloniki gibt es inzwischen eine durchgehende Zugverbindung, die erste »Hippies« mitführt – buntgekleidete Ausflügler und Entdeckungsreisende mit schmalem Geldbeutel. Schultze-Westrum bietet ihnen ein bescheidenes Dach über dem Kopf, das vor allem modernen Übel behütet. Nicht wenige kommen im Jahr darauf wieder, ein gutes Dutzend beschließt zu bleiben, um selbst ein Haus zu erwerben und instand zu setzen. Griechen kehren ebenfalls nach Megalo zurück oder bewohnen dort im Sommer die alten Häuser, die Steinschindeln weichen Terrakotta und Wellblech. Die Taverne wird wiedereröffnet, das Leben ist zurück.

In den anderen Bergdörfern trug sich ähnliches zu, auch Sotiras war einst verlassen und wurde dann wiederentdeckt. Auch dort gibt es eine deutsche Kolonie, auch dort kamen die Griechen langsam zurück und die Taverne hat wieder offen. Ein ums andere Mal bin ich über den Berg gelaufen, um in freundlicher Runde dort oder auf dem Wohnbalkon von Ingbert zu sitzen.

Nach Sotiras komme ich am besten und am schnellsten auf der alten Verbindung, nicht auf der Straße, die erst bis ganz nach Haupt-Prinos führt. Der alte Weg schlängelt sich an der Talseite entlang, folgt den Einkerbungen und schwingt sich schließlich nach oben auf den Sattel, von wo aus Sotiras plötzlich zum Greifen nahe liegt. Ein letztes Mal muss man anschließend hinunter zu einer Bachrinne und dann nochmal hinauf, bis der Dorfkern erreicht ist. Mein Rekord liegt bei eineinhalb Stunden, aber da war die Sonne schon am Sinken und ich bin phasenweise gejoggt. Theoretisch wäre es sogar möglich, nachts wieder zurückzulaufen, aber wirklich nur theoretisch. Praktisch schläft es sich auch auf Ingberts Wohnbalkon ganz wunderbar. Auch zwischen Haupt-Prinos, Mikro und Megalo Kazaviti verläuft ein alter Pfad, der jedoch stellenweise so zugewuchert ist, dass man ihn als einstige Hauptverbindung kaum erkennt. Im Gegensatz zur Straße folgt er dem Talgrund, läuft immer nahe entlang des Flussbettes, quert dieses mehrmals und verdichtet sich dort, wo Bäume und Strauchwerk die Brände überdauert haben, zu einem grünen Tunnel, der direkt in die jüngere Vergangenheit zu führen scheint.

40. Grund

Weil es in Mikro Kazaviti alles gibt

Selbst Stamatia, die Dorfwirtin von Kazaviti, ist eine Rückkehrerin. Sie ist in Kazaviti groß geworden, dort wollte sie wieder hin: »Wegen der Luft und dem Blick, wegen der Weite.« Gemeinsam mit ihrem Mann Yannis investierte sie in den Neunzigern in einen Tavernen-Neubau, das Geld dafür hatten beide in der Schweiz verdient. Yannis übernahm die Ziegenherde von Stamatias Vater und lieferte der Taverne zu. Gemeinsam und im Wechsel bewirtschaften sie mehrere Gemüsegärten. Was Schultze-Westrum in Megalo für die Katzen war (er ist im Januar 2022 verstorben), das ist Stamatia in Mikro Kazaviti. Um einen realistischen Eindruck der alltäglichen Tavernenbelagerung durch das Heer der breitschädligen Katzen zu vermitteln, finden Sie ein Foto in der Bildstrecke.

Sonderbarerweise sind die Katzen in den einzelnen Tälern der Insel unterschiedlich geraten, in Sotiras handelt es sich um schlanke, elegante Wesen, unten am Hafen von Prinos lebt ein graugetigerter Clan mit schmalen Gesichtern, der geradewegs von Kleopatras Hof zu stammen scheint (eine Griechin übrigens, genau genommen aus Makedonien) – nur bei uns in Mikro und Megalo wohnen Gangsterkatzen!

Im Gegensatz zu Megalo ist Mikro ein funktionierendes, ganzjährig bewohntes Dorf mit schulpflichtigen Kindern, Ehedramen, gelangweilten Jugendlichen und sogar einer zweiten Taverne. Die Grundmauern der alten Schule stehen noch, die Dorfkirche ist ein steinernes Monument, umgeben von einer Mauer aus Zypressen und uralten Kiefern. Es gibt ein Theater im Freien, das ganz genauso aussieht wie ein antikes, aber regelmäßig genutzt wird – zweimal war ich dabei, angelockt von der Musik und den vielen Autos, als sich anlässlich irgendeines Feiertages die Tanzgruppen einfanden und vor vollbesetztem Haus aufspielten: Folklore ohne einen einzigen Touristen und ohne Eintritt.

In Mikro Kazaviti gibt es Nachbarn, die dir ungefragt Werkzeug leihen, dir Sachen vom Markt mitbringen, die morgens zur Arbeit nach Haupt-Prinos fahren und für die Mittagsruhe zurück. In Mikro schießt das Wasser aus dem Berg und der Mangold in Stamatias Garten ist der größte, den ich jemals gesehen habe. Man muss wissen, wo die großen Maulbeerbäume stehen und wann man sie aufsucht. Schon mit den Mirabellen kommt man nicht hinterher. Gemüse und Salat werden nicht gekauft, Tomaten schon gleich gar nicht – das alles wächst im Garten. Alex' Horta wird von Stamatia gewissermaßen im Vorbeigehen mitgemanaged – ihr Salat steht gleich hinter dem Haus – ich darf noch nicht einmal helfen, ich darf nur nehmen. Das Haus klebt an der Rückwand des nächsten und teilt sich das Dach, vorne ist die Küche, hinten das Schlafzimmer, das Bad ist neu und angebaut. Wenn es irgendetwas soweit im Süden nicht mehr braucht, dann ist es Wohnfläche. Im Sommer ist man nur zum Schlafen und für die Mittagsruhe drinnen, im Winter ist man froh, wenn man es warm hat. Das Wohnzimmer, das ist die Taverne.

In Mikro gibt es einen schwedischen Wissenschaftler, der ganz oben wohnt, dort wo man mit dem Auto fast nicht mehr hinkommt, es gibt deutsch-griechische Ehen, Deutschgriechen und Griechendeutsche, es gibt einen verrückten deutschen Winzer und mich, den deutschen Schriftsteller.

Eine deutsche Kolonie und reihenweise aufgehübschte Ferienhäuschen, die gibt es nicht. Man sieht von Mikro Kazaviti kaum das Meer und das Dorf liegt im Schatten des Berges – beides sind Ausschlusskriterien für die Ansiedlung von Nordlichtern, obwohl so eine Lage den langen Sommer über eine Erleichterung ist.

Alex' Wingerte liegen auf der anderen Talseite, hinter Megalo Kazaviti und gut 30 Minuten zu Fuß entfernt: Platon und Nestor, jeweils nach ihren Vorbesitzern benannt. Platon ist eine Terrassenanlage von biblischer Schönheit aufgrund der uralten, einzeln stehenden Reben, dem wilden Fenchel, dem Mandelbaum und der Reihe an halbverwilderten Obstbäumen vor dem angrenzenden Bergwald. Nestor wiederum hat Alex auf einer Hügelkuppe, leicht abfallend, selbst angelegt, in Spaliererziehung. Man läuft drei, vier Meter hinein und auf einmal erscheint in der Ferne die Fläche des Meeres. Die Reihen an Setzlingen waren vor wenigen Jahren noch so jung, dass wir sie wässern mussten – das bedeutet, das Wasser im Tank hinauffahren und per Hand gießen.

Die Sonne knallte, obwohl es erst Ende Mai war. Die älteren Reben mussten zudem entblättert werden – auf der Hangseite, dort wo die Trauben wachsen. Die Ranken mussten in die Spalierdrähte, was eine Heidenarbeit ist.

»Sag mal, Alex ...«

»Was?«

»Wär's nicht günstiger, wenn wir den ganzen Wein einfach kaufen würden?«

Ich persönlich glaube, dass es die körperliche Arbeit ist, aufgrund der Alex, und in dessen Schlepptau auch ich, unter den älteren Griechen so gut gelitten sind: Das kommt selten vor, dass da jemand Hand anlegt, mit der Erde arbeitet, diese schätzt und etwas aufbaut.

Wenn man zu Fuß unterwegs ist, sieht man die Terrassenanlagen, teils verfallen, teils überwuchert oder inzwischen mitten im Kiefernwald: Dieses ganze Leben, diese andauernde Arbeit. Es ist komisch, wie viel Einblick wir in die Antike haben und wie fern uns gleichzeitig das griechische Leben von vor 100 oder 150 Jahren ist. Dadurch, dass sich unser Radius so ungemein vergrößert hat und wir uns im Supermarkt bedienen können, hat unsere Kenntnis der Welt gelitten.

Ich erinnere mich, als wir einmal, in der Abenddämmerung mit der Hacke über der Schulter vom Wingert unterwegs nach Mikro

Kazaviti, Onkelchen begegneten. Onkelchen, der sonst nicht viel spricht und schon gar kein Deutsch oder Englisch, zeigte mir vier oder fünf ungesehene Pflanzen – Blätter, Gräser, Knospen – die essbar waren. Er bückte sich, pflückte sie und bedeutete mir, sie zu probieren. Die Knospen waren süßlich, einige der Blätter pfeffrig, andere spinatartig und die Halme ganz leicht bitter. Onkelchen muss den wilden Fenchel in meiner Tasche gesehen und sich gedacht haben: Da geht noch mehr. Nie hab ich mich um die Namen dieser Pflanzen bemüht, einen ganzen Sommer lang aber gepflückt und verarbeitet.

41. Grund

Weil die Welt nicht schlecht ist, sondern voll

Die Welt sei nicht schlecht, sondern voll. Das hat Brecht einmal notiert und das gilt auch in Kazaviti. Normalerweise herrscht nämlich große und andauernde Harmonie – sowohl untereinander als auch gegenüber den Touristen und den Mietautos. Natürlich kann der eine Ziegenhirte den anderen nicht leiden und die beiden Schreiner sprechen nicht miteinander – aber das liegt eher am griechischen Individualismus oder in der Natur des Menschen generell, als an wirklicher Zwietracht. Mit Harmonie meine ich das Zusammenwirken und das aufeinander Abstimmen, also die Dorfgemeinschaft. Nur wenn es zu voll wird und auf einmal der Spielraum fehlt, an den die Insulaner gewöhnt sind, kann es passieren, dass die Harmonie flöten geht. Zum Beispiel dann, wenn auf der Terrasse von Stamatia sowohl eine griechische Hochzeitsgesellschaft zu Gange ist, als auch ein deutscher Geburtstag von der gesamten Kolonie aus Megalo gefeiert wird: Alex und ich waren zu spät eingetroffen, sodass wir drinnen Platz nehmen mussten, wo sich Yannis zu uns gesellte. Draußen war absolut jeder Platz besetzt. Man kann sich das nicht ausdenken, aber die Runde der Deutschen hatte (anscheinend zur Völkerverständigung) die *Ode an die Freude* vorbereitet – Version mit Gitarre. Europahymne und so, Sie verstehen? Aufgrund der mangelnden Textsicherheit wurden Ausdrucke herumgereicht, die durchaus selbstbewusst abgesungen wurden. Nicht ohne Effekt: Die griechische Hochzeitsgesellschaft erstarrte für ein paar Schrecksekunden, ergriff dann aber die Initiative und beugte durch Einschalten eines kleinen Bluetooth-Lautsprechers weiteren Darbietungen vor … was auf mein vollstes Verständnis stieß, denn der Rhythmus rudimentärer Gitarrenklänge hatte Beethoven zur Marschmusik degradiert, es wurde sogar geschunkelt! Aufgrund des nunmehr dahinscheppernden Plastiklautsprechers gab sich der Gitarrenspieler beleidigt, suchte das Weite bzw. das Taverneninnere auf und polterte, verletzt wie er war, sofort drauf los: »Unfassbar! Kein Respekt! Keine Kinderstube …«

Mein Hinweis, dass deutsches Liedgut, ganz unabhängig von der Qualität der Darbietung, nicht in allen griechischen Familien wohlgelitten sei, es gäbe da Gründe …, der ging leider in der Tirade unter. Das sind so Phänomene dessen, was die Touristik »Umweltblase« nennt – also dass man sich im Ausland gerne um Anpassungsleistungen drückt, indem man eine möglichst homogene Blase bewohnt. Hübsch ausstaffiert und mit griechischen Elementen ausgestattet, mit sehr viel Sonne über dem Terrassendach aber im Kern dann halt doch deutsch.

Später, als wir die Taverne schon verlassen hatten und noch vor dem Haus in der warmen Nacht saßen, nahm die deutsche Runde den Gesang wieder auf: In Form von *Country roads, take me home*, welches verlässlich auch volltrunken abgespult werden kann. Die Griechen waren offensichtlich aufgebrochen oder weitergezogen. Anschließend wurde noch eine Spielart von Jaggers *Satisfaction* angestimmt, die jeder Beschreibung spottet – außer jener von Alex, der lachend sagte: »NICHT satisfaktionsfähig, sowas!«

Weil im Idyll Blechkanister vor sich hinrosten

Auf dem alten Weg von Mikro Kazaviti nach Sotiras passiert man irgendwo im Bergland eine Umzäunung, die fast komplett aus Bettenrosten errichtet wurde. Die schiere Anzahl kann ich mir auch nicht erklären – wahrscheinlich kamen Sprungfedern irgendwann aus der Mode und wurden alle gleichzeitig entsorgt. Jedenfalls stand das Material zur Verfügung und wurde daher auch benutzt. Das ist ästhetisch anfechtbar, entspringt aber derselben Logik, wie die Verwendung von Reisig zum Zaunbau. Ich hab' mal auf Facebook ein Foto vom Wingert gepostet, rechts das ordentliche Spailer der Rebzeilen, links zwei dieser Feta-Kanister mit einem Volumen von 5 oder 10 Litern, leicht angerostet, dahinter ein paar Latten und ein Stück Blech.

Der Kommentar einer Thasos-Kennerin aus Deutschland war: »Leider gehört der Müll an manchen Stellen dazu …« … *Siga*, welcher Müll? … *Sygnomi*, das ist Material! Es wartet auf Verwendung, es lagert. Abfall ist es nur in dem Sinne, als dass es übrig geblieben ist.

Je natürlicher die Materialien, je weniger Unterschiede zwischen Natur und Mensch, umso freundlicher wirkt es auf das Auge. Dies ist der Grund, warum uns alte Häuser so gut gefallen, sie stammen vollständig aus der unmittelbaren Umgebung – unterscheiden sich nur durch Arrangement und Struktur vom nächsten Felsen und den Kiefern. Plastik und Metall mögen praktisch sein und heutzutage günstiger, die lange Reise und die industrielle Fertigung sieht man diesen Materialien jedoch an, durch Zugabe von Zeit verbessert sich das nicht.

Dass man im Land der Gabionen und Carports, der geschotterten Vorgärten und gepflasterten Auffahrten die Materialsammlung, die sich notwendig in jedem größeren griechischen Garten befindet, für unordentlich hält, liegt daran, dass die Ordnungsprinzipien für Außenstehende nicht ersichtlich sind. Auch wenn die Feta-Kanister vom Unkraut überwuchert werden sollten – wir werden wissen, dass sie da liegen und sie hervorholen, sobald wir sie brauchen. Und ich bin mir sicher, dass Irenes Mann, der vor lauter Material gar keinen Garten mehr hat, ganz genau weiß, wo die alte Badewanne aus den Sechzigern versunken ist.

Das allererste Kafenion von Megalo Kazaviti (also nach der Rückkehr der Einwohner, vgl. Grund Nr. 39) hat er bis in die Neunziger zusammen mit seiner Frau betrieben. Das gelbgetünchte kleine Gebäude unterhalb der Platia steht noch, Risse ziehen sich durch zwei Wände und das Dach leckt. Die klassische Bestuhlung samt Tischen lagert dort ebenso ein, wie Gläser und Geschirr sowie das eine oder andere Gebinde Wein und ein paar Flaschen Metaxa.

Wenn Sie sich über die Regelmäßigkeit wundern, mit der Sie auf alte Autos inmitten von Olivenhainen stoßen, scheinbar verlassen und der Witterung ausgesetzt: Es handelt sich nicht mehr um Autos, es sind jetzt praktische Unterschlüpfe, wo man es trocken und warm hat und notfalls auch schlafen kann, wenn es die Arbeit oder der Haussegen verlangt. Die alten Autos auf Thasos sind das Echo des Hüttenlebens, das die Thassier mit Beginn der Olivenernte einst geführt haben, bevor es zurückging in die Dörfer und die festen Häuser. Autowracks und Feta-Kanister sind notwendige Bestandteile eines grundehrlichen Idylls.

Heutzutage sind Müllcontainer an den Dorfeingängen abgestellt und werden auch regelmäßig geleert. Glaubt man den Erzählungen von Thasos-Veteranen wie Ingbert, dann ist es noch keine zehn Jahre her, dass die Tüte mit Hausmüll vom Auto aus irgendwo in die Landschaft geschmissen wurde. Der gesammelte Müll wird im Falle von Thasos inzwischen auf das Festland verschifft und dort deponiert oder verbrannt – und nicht mehr irgendwo auf der Insel in einen alten Steinbruch gekippt.

Kapitel 4

Zeit, Rhythmus und Jahreszeiten

43. Grund

Weil die Dinge passieren, wenn sie an der Reihe sind

Wenn Kronos (vgl. Grund Nr. 30 und 31) für den Ablauf der Zeit steht, für die Chronologie, so steht der Begriff *Kairos* für den richtigen Zeitpunkt und das rechte Maß. Dass die Zeit eine genuin griechische Erfindung ist, wird man auch daran merken, dass es Griechen sind, die über den richtigen Zeitpunkt bestimmen. Da kann man besprochen haben, was man will, Resultate und Handwerker stellen sich dann ein, wenn es *an der Zeit ist*, nicht aber zum ausgemachten *Termin* (natürlich *kein* griechisches Wort sondern Latein: Terminus ist der Grenzstein). Ich habe solche Erfahrungen gemacht, wenngleich es zugegebenerweise um Marginalien ging: Ich denke an den Schreiner, bei dem wir spontan vorstellig wurden, um den Preis und die Herkunft bestimmter Holzsorten für ein Bauprojekt zu erfahren und es auch bauen zu lassen. Wir hinterließen griechische Telefonnummern und E-Mail-Adressen, der Schreiner sagte uns zu, am nächsten Tag sein Angebot zu übermitteln. Das Angebot kam nicht, wir mussten es ein paar Tage später erneut erfragen und noch später selber abholen. Genauso beim Drucker: Dateien für Weinetiketten wurden eingereicht, der Auftrag war dringend, die Abholung ausgemacht. Ich war zum ausgemachten Zeitpunkt zur Stelle, war extra von Kazaviti heruntergekommen, fand aber die Druckerei verschlossen. Der Drucker sei auf dem Festland hieß es, Motorradausflug. Wann er zurückkäme? Morgen, Übermorgen vielleicht.

44. Grund

Weil keiner wissen kann, wie und womit die Zeit sich füllt

Darüber, wann Zeit ist, bestimmt nicht der Terminkalender oder die Absprache, sondern die Zeit selbst bzw. das, womit sie gefüllt wird. In Deutschland ist es üblich, die Zeit ganz individualistisch mit genau dem zu füllen, was man sich vorgenommen hat, bzw. dem, was man denkt, erledigen zu müssen. Dann wird versucht, sich daran zu halten und im Plan sowie im Soll zu bleiben. Alles andere gilt als ineffektiv bis faul und macht unsereins schnell unglücklich. Denn nichts wurde geschafft und nichts geleistet, nur der Berg an Arbeit wuchs. Wenn außerplanmäßig etwas passiert, dann kommt es uns dazwischen, es handelt sich um einen Störfaktor und einen Anlass, genervt zu sein. Das kennen die Griechen nicht, jedenfalls habe ich wirklich noch nie den Satz gehört: »Du, ich habe gerade keine Zeit.« oder »Ich kann gerade nicht.« Vielleicht liegt hier auch der Grund für die Verspätung von Schreiner und Drucker: Beide hatten zu Beginn einfach nicht zugegeben, gar keine Zeit für die Angebotserstellung bzw. für die Drucklegung zu haben oder es fehlte der Überblick über die anstehenden Aufgaben, sodass erst einmal das gesagt wurde, was wir hören wollten. Oder sie wussten es nicht, weil sie unmöglich vorhersagen konnten, was die nächsten Tage so bringen würden, wie sie sich füllen würden und ob bzw. wann Kairos (der richtige Zeitpunkt) käme. »Dazwischen gekommen« ist ihnen jedenfalls nichts, denn es kann ja gar nichts dazwischen kommen, wenn sich alles ergibt. Dinge, die dazwischen kommen, betreffen uns Barbaren aus dem Norden, die wir mit Planung, Zeitmanagement und Schnellleseverfahren die Zeit domestizieren wollen … Da gibt es doch neuerdings diese Möglichkeit, anstatt des eigentlichen Buchs dessen Zusammenfassung zu lesen, mit dem klaren Ziel, mehr in weniger Zeit zu schaffen: im Lande Homers absolut undenkbar, epische Breite ist die Norm und nicht die Ausnahme. Zeitmanagement in Griechenland ließe sich mit »adäquater Reaktion auf das, was passiert« realisieren, jedoch nicht mit vorwegnehmender Planung, die Verdichtungen vornimmt, wo das Leben doch ausreichend Platz braucht.

Selbst, wenn man diese Reaktionsfähigkeit auf das jeweils Gegebene als sprunghaft ansieht und in einen Gegensatz zur Disziplin bringt, ist erstere immer noch viel besser als ihr Ruf: Die Sprunghaften erledigen mit hoher Intensität drei Aufgaben halb und wenden sich dann einer vierten zu, während die Disziplinierten weiter über Aufgabe eins brüten. Sobald diese Aufgabe zwei angehen, beginnen die Sprunghaften gerade mit der nächsten Runde und bringen ebenfalls Aufgabe eins zu Ende. Bei Aufgabe zwei haben sie bereits einen entscheidenden Vorsprung und überholen die Disziplinierten. Die Arbeitsintensität des Sprunghaften ist im Idealfall wesentlich höher als die des Disziplinierten, der sich ja mit so Phänomenen wie Langeweile und Überdruss herumschlagen muss. Im Idealfall wohlgemerkt, wenn die Wirklichkeit zu oft reingrätscht, dann stapeln sich die angefangenen Projekte wie Baumaterialien in einem griechischen Garten – und man geht irgendwann unwiderruflich unter.

45. Grund

Weil Zeit und Raum dehnbar sind

Zeit bringen Touristen nur wenig mit. Dass sie diese dennoch voll auskosten können, liegt am Raum, den die Griechen ihnen lassen. Wer aus dem Norden nach Griechenland reist, der gewinnt auf einmal Zeit. Und das liegt nicht allein daran, dass man frei hat und keine Termine. Das liegt auch daran, dass es die Griechen sind, die ihre Zeit großzügig mit uns teilen. Oder kennen Sie auch nur einen Tavernenwirt, der keine Zeit hat für seine Gäste, der nicht mit diesen ins Gespräch kommt? Undenkbar. Wer bereit ist, mit den Griechen Zeit zu teilen, der muss sie haben und darf sie nicht von vornherein verplanen.

Wie sehr man mit Plänen in Griechenland und insbesondere auf einer Insel auf die Schnauze fallen kann, hat mir eine ältere Dame gezeigt – Amerikanerin mit griechischen Ursprüngen, sportlich, durchaus resolut und mit glitzernden Sneakern ausgestattet. Ich traf sie im Café unten in Haupt-Prinos, als ich auf den Bus wartete. Und, wie das so ist im Café, entspann sich ein Gespräch. Schnell war herausgefunden, dass die Dame Thasos nicht so zugetan war.

»Es gibt nichts.«

Wie, es gibt nichts? Das ist eine Insel, es gibt alles, und was es nicht gibt, das braucht auch keiner.

»Ich bin seit sechs Tagen hier und habe bereits alles gesehen.«

Ich war seit Monaten auf der Insel und hatte es aber noch nicht einmal an die Ostküste geschafft.

»Alles?«

»Alle Sehenswürdigkeiten.«

»Das archäologische Museum in Limenas?«

Hatte sie gleich am ersten Tag abgehakt, samt Amphitheater und Stadtmauerresten, noch vor dem Einchecken vermute ich. An Tag zwei hatte sie eine Inselrundfahrt unternommen, um sämtliche küstennahen Naturschönheiten in Augenschein zu nehmen und nach Kastro hochzufahren, ins Inselinnere. Tag drei war sie mit einem Ausflugsschiff unterwegs, doch dieses habe sie zu Stellen gefahren, die sie bereits an Tag zwei gesehen hatte. Den vierten Tag hatte sie am Strand verbracht, den fünften habe ich vergessen, aber jetzt am sechsten wollte sie sich den berühmten Markt von Prinos ansehen. Es war aber gar nicht Markttag und deswegen saß sie unverrichteter Dinge im Café. So kann man Griechenland auch verpassen.

46. Grund

Weil »siga-siga« das griechische Lebensmotto ist

Dass »siga-siga« allenthalben als »langsam-langsam« übersetzt wird, scheint mir etwas zu kurz gegriffen, wenn nicht sogar völlig falsch. Das könnte uns so passen, dass »der Grieche« halt einfach langsam macht, wo es auch schnell ginge. So verhält es sich aber nicht. Mit »siga-siga« wird eine bestimmte Qualität des Handelns eingefordert, ein Wissen um die Eigenheiten der Zeit, um deren Entwicklung und damit um *Kairos* schwingt mit, nicht aber Quantifizierbarkeit oder vorsätzliche Langsamkeit. »Siga-siga« lautet beispielsweise die Ermahnung an die Jugend, wenn diese zu forsch vorwärts stürmt und dabei über der Erregung die nötigen Zwischenschritte vergisst. Wenn man aufpassen muss, lautet der Zuruf ebenfalls »Siga!«: Obacht soll man geben und nicht hudeln. Es geht also nicht um Geschwindigkeit an sich, sondern um die *adäquate* Geschwindigkeit, die nicht einfach nur langsam, sondern das Gegenteil von überhastet oder voreilig bedeutet.

Alex beherzigt genau diese Vorgehensweise, wenn er nicht zum Aufbruch mahnt, sondern ein zweites Bier bestellt: Es ist noch nicht an der Zeit, noch ist Mittag. Aufzubrechen, wenn die Sonne am höchsten steht, ist niemandem dienlich – am wenigsten dem weiteren Tagesplan. Denn in den Wingert werden wir erst dann hinaufgehen, wenn die Sonne schon etwas milder geworden ist. Die Dinge mit Bedacht anzugehen, sich die Zeit zu nehmen, die es braucht, die Umstände in Betracht zu ziehen und nach einem bestimmten Rhythmus vorzugehen, ist auch eine Form der Effizienz. Die griechische Form der Handlungsoptimierung bettet Arbeit in die jeweiligen Umstände ein, nimmt Rücksicht auf den ureigenen Rhythmus der Dinge und des Tages. Diesen zu nutzen, mit den Wellen durch den Tag zu schwimmen und ihm eine andauernde, scheinbar mühelose Beschäftigung angedeihen zu lassen – das ist griechische Produktivität. Auch wenn diese verletzlich ist und leicht abzulenken.

47. Grund

Weil der Mittag bis in den Abend dauert

Einen ganzen Sommer lang brauchte es, bis die folgenden Einsichten heranreiften – was zum einen daran lag, dass Alex nach eigener Aussage »gerne schläft« und zum anderen, dass sich das Leben mit zunehmender Tageshitze in den Abend und die Nacht hinein verlagert.

Wir kommen immer erst gegen acht aus den Federn. Um neun sind wir mit Frühstück und Kaffeetrinken so weit fertig, um es bis halb zehn in den Wingert zu schaffen. Pünktlich zu diesem Zeitpunkt kommt die Sonne über die Berghänge und strahlt das ganze Tal von Kazaviti kräftig aus. Bereits im Mai kann dies zu viel sein, bzw. der Arbeit absolut abträglich. Ab elf Uhr wird es schon so heiß, dass die körperliche Anstrengung in keinem Verhältnis zum Effekt steht. Bis zwölf machen wir weiter, Alex besteht darauf, liebt insgeheim den Kraftakt. Spätestens dann sind wir beide im Eimer und öffnen noch auf dem Rückweg ein erstes mitgebrachtes Bier, womit die zweite Tagesphase eingeläutet wäre. Das erste Bier des Tages trinkt sich in wenigen Schlucken, sodass es gleich danach, also zuhause angekommen, ein zweites braucht. Anschließend tun wir geschäftig, sind aber eigentlich zu nichts mehr zu gebrauchen, zumal sich die Hitze weiter steigert. Das Vorhaben, am frühen Abend ein zweites Mal zum Wingert zu gehen, um das Tagwerk zu vollenden, haben wir vielleicht zwei oder dreimal vollbracht. Wir sind für das Leben im Süden nicht gemacht.

Im Laufe des Abends wird die Luft langsam weniger heiß, man kann wieder atmen. Schon deshalb ist an frühen Schlaf nicht zu denken, drinnen ist es noch zu warm und wir sind ja gewissermaßen noch unausgelastet und sitzen deswegen bis nach Mitternacht draußen und reden. Am nächsten Morgen das gleiche Spiel. Wir machen also alles, aber auch alles falsch. Jeder Einheimische, der arbeitet, geht völlig anders vor: Yannis zum Beispiel. Yannis ist Ziegenzüchter, morgens um sechs ist er bereits oben bei den Ställen, versorgt das Vieh und melkt. Die Milch fährt er gegen halb zwölf hinunter nach Prinos zur Kooperative, trifft sich noch auf einen Kaffee, ist aber kurz nach zwölf zurück im Dorf, isst ein bisschen was und zieht sich nach drinnen zurück. Erst ab 17 Uhr ist er wieder auf den Beinen, schaut nach dem Gemüsegarten und erneut nach den Ziegen. Gegen zehn kommt Yannis in die Taverne, bekommt ein Gericht vorgesetzt und trinkt eventuell noch einen Tsipouro, bevor er gegen elf ins Bett fällt. Einmal hat Yannis mich auf der Rückkehr von den Ziegenställen im Wingert erwischt, in der prallen Sonne und mit einem Fadenschneider in der Hand – ich hatte vor, das Tagwerk abzuschließen, den Tank zu leeren und es innerhalb der nächsten halben Stunde gut sein zu lassen. Nichts da! »Junge! Das ist gefährlich!« Yannis hieß mich in sein Auto steigen, wir fuhren die Piste hinunter nach Kazaviti und Yannis hielt mir eine kleine Standpauke: »Willst du vielleicht sterben?« Es gibt Regeln, und eine der Regeln ist, dass man nach zwölf nicht arbeitet. Nicht im Sommer und nicht in der Sonne und auch nicht, weil man glaubt, so um den abendlichen Arbeitseinsatz herum zu kommen.

Und sehen Sie, genau das ist der Punkt, um Griechenland und die Griechen nicht zu verpassen, müssen wir uns deren Rhythmus anpassen. Denn wenn wir noch um halb zehn im Hotel sitzen, den zweiten Cappuccino ordern, dann haben wir bereits den halben griechischen Tag verpasst. Dies gilt freilich auf dem Land noch viel mehr als in der Stadt, aber auch dort sind jenseits der touristischen Schenken nachmittags die Schotten einfach mal dicht: Einmal verschlug es mich in die Kleinstadt Goumenissa, nordwestlich Thessalonikis, also ins Nichts (vgl. ab Grund Nr. 87). Goumenissa liegt inmitten des Hügellands einer Weinregion, am Fuße des Bergs Paiko.

Ich darf zurecht behaupten, dass ich dort der einzige ausländische Tourist war, denn ich war im einzigen Hotel des Ortes und dort der einzige Gast. Deshalb waren Bekanntschaften schnell geschlossen und ich meist in griechischer Begleitung und damit mittendrin im griechischen Leben. Gerade hatte eine Hitzewelle das Land erfasst, die sich in Meeresferne noch unangenehmer spürbar machte als auf meiner Insel. Niemand ist jetzt weniger lebensfähig als ein Tourist, der spät frühstückt, um dann unterwegs zu sein, Sehenswürdigkeiten abzuklappern. Das geht nicht, es geht nur noch eines: griechischer Alltag. Und der bedeutet in Goumenissa, sich morgens um acht auf einen Kaffee zu verabreden, anschließend Besorgungen und Einkäufe bis spätestens zehn oder elf zu erledigen. Alle, auch die Alten, sind vormittags auf den Beinen, die drei Platias der Stadt bleiben stundenlang komplett besetzt, alles ist unterwegs, trinkt Kaffee, tauscht sich aus. Dann stülpt sich gegen Mittag die Stadt um, all das Leben taucht unter, geht nach drinnen und verbringt dort den Nachmittag – bzw. das, was wir Nachmittag nennen. Der Nachmittag zieht sich aufgrund des ausgedehnten Mittags bis in den Abend – ich schließe das daraus, weil Verabredungen für »sieben Uhr nachmittags« getroffen werden. In Deutschland ist Mittag ein Zeitpunkt, der bis spätestens 14 Uhr erledigt sein muss – und auch das nur, wenn großzügig gemessen wird. In Griechenland streckt sich der Mittag jedoch von zwölf Uhr bis in den Abend, ist also erst dann wirklich abgeschlossen, wenn die Hitze nachlässt. Frühestens um neun oder zehn Uhr wird gegessen, entweder zu Hause oder in der Taverne. Danach erst beginnt der eigentliche Abend, man geht aus, trifft sich anschließend, nachdem man die Runde gemacht hat, gegen eins noch in der Bar. Das gilt dann als relativ früh.

48. Grund

Weil es der Produktivität zugute kommt, die Mittagsruhe auszudehnen

Die Industrialisierung ist an Griechenland weitgehend vorbeigegangen und hat daher auch die Zeit unangetastet gelassen. Bei uns im Norden hält man acht Stunden Nachtschlaf für gesund und erstrebenswert, für die Mittagspause setzen wir 30 bis 60 Minuten an, quälen uns anschließend durch den Nachmittag und freuen uns auf Wochenende und Urlaub. Aus pragmatischen Gründen musste das einst ausgiebige Mittagessen deshalb auf den Abend verlegt werden – ein Aspekt, für den uns die Zustimmung der Griechen sicher ist, denn so ein »Abendbrot«, wie es bei uns früher üblich war (Käse, Wurst, Silberzwiebeln), käme in Griechenland einer Beleidigung gleich. Zudem schmunzeln die Griechen über den Zeitpunkt der abendlichen Nahrungsaufnahme, obwohl sie sich längst an deutsche Tavernengäste gewöhnt haben, die pünktlich um 18 Uhr anrücken – also am Nachmittag. Die Griechen hingegen sind frühestens um neun Uhr am Start, auch um zehn oder gar um elf in der Taverne zu erscheinen, ist nicht unüblich. Ihr deutscher Gegenpart ist dann schon längst wieder weg und bereitet sich auf eine ausgedehnte Nachtruhe vor, die im Urlaub gerne noch verlängert wird, schließlich darf man endlich ausschlafen. Deshalb ist ein Kriterium für die Wahl der Unterkunft, wie lange diese Frühstück serviert: bis Neun gilt als nicht akzeptabel, mindestens bis Zehn ist ein Muss, besser noch bis Elf. Ausgeschlafen und gestärkt wird anschließend der griechischen Mittagshitze mit Wanderstecken getrotzt, man will schließlich etwas erleben. Die physikalische Unmöglichkeit dieses Unterfangens wird durch reine Willenskraft ausgehebelt. Die Griechen hingegen wissen, dass Vorhaben wider die Umstände durchzusetzen, nicht von Tatkraft zeugt, sondern von Dummheit. Und so ist auch die traditionelle Mittagspause zu verstehen: Wenn man aufgrund von Hitze nichts geregelt bekommt, dann lässt man es eben sein. Man nutzt die unproduktiven Stunden zur Erholung und die produktiven für die Arbeit. Es andersherum zu handhaben, wäre schlicht und einfach gegen die Natur, gegen die griechische im Besonderen und die südliche im Allgemeinen. Im Zuge der Finanzkrise konnte man in Artikeln und Kommentaren immer wieder von den »faulen Griechen« lesen und sogar die irrationale Forderung, das mit der ausgedehnten Mittagsruhe zugunsten von erhöhter Produktivität mal sein zu lassen. Hier liegt ein Missverständnis vor: Die Mittagspause dient unmittelbar der Produktivität. Sie ermöglicht die physische Arbeit am frühen Morgen und am Vormittag sowie die zweite Arbeitsphase am Abend wenn jeder mittel- und nordeuropäische Angestellte seinen Arbeitstag bereits abgesessen hat. Bloße Anwesenheit und zusammenhängende Arbeitszeit taugen nur bedingt als Beweis von Effizienz und Effektivität. Der Schlaf der Griechen fällt also in jene Tages- und Nachtzeiten, während der absolut nichts anderes geschehen kann. Effizienter geht es kaum.

49. Grund

Weil »Durchliken« ein griechisches Hobby ist

Eine Sache muss ich noch ergänzen, welche die Nachtruhe sogar noch kürzer werden lässt, als sie ohnehin schon ist: Social Media. Falls Sie griechische Freunde auf Facebook oder Follower auf Instagram haben, dann können Sie sich der Likes gewiss sein, denn geliked wird relativ unabhängig vom Content. Ich muss es wissen, denn auch kryptische Beiträge meinerseits beispielsweise über deutsche Tagespolitik wurden seitens meiner griechischen Bekanntschaften kompromisslos durchgeliked. Das muss irgendwann zwischen Bar, Nachtklub und Bett passieren – ich gehe davon aus, dass die letzte Stunde der Wachphase ausschließlich dem Liken dessen gewidmet ist, was während des Tages so gepostet wird – denn so ein griechischer FB-Freundschaftskreis ist megagroß und will unterschiedslos bedient werden. Man darf schon deswegen keine Ausnahmen machen, weil das sofort auffallen würde: In Griechenland checkt man ab, wer sein Like NICHT dagelassen hat, von wem man also ignoriert wird. Bei all dem dürfte es allerdings kaum möglich sein, die sorgsam komponierten Inhalte wirklich zu würdigen. Alex hat sich übrigens inzwischen von Facebook zurückgezogen, weil er das zeitlich nicht mehr schafft.

50. Grund

Weil es keine Jahreszeiten gibt

In großen Teilen Griechenlands teilt sich das Jahr nicht in Jahreszeiten, sondern in zwei Hälften: die Saison und die Nicht-Saison. Auch auf Thasos ist dem so, wenngleich dort die Saison schon Ende September vorbei ist, was selbst nach griechischen Maßstäben früh ist. Normal ist Ende Oktober – einmal habe ich zu diesem Zeitpunkt von Berlin aus den letzten Charterflug nach Kreta genommen. Der Plan war, außerhalb der Saison die Insel zu durchstreifen, anschließend mit der Fähre nach Piräus und von Athen aus zurück. Drei Wochen Zeit hatte ich mir genommen, eine hätte völlig ausgereicht. Außer mir war kaum jemand im Flugzeug, es flog nur, um die letzten Urlauber wieder abzuholen. In Heraklion und Rethymno war davon noch nichts zu spüren, aber Kreta war dabei, zu schließen! Im Wortsinne: Hotels und Restaurationen, Straßenzüge, ja ganze Städte schlossen, ließen kollektiv die Rollläden herunter. Das mag den einen oder anderen Leser nicht verblüffen, ich war darauf nicht vorbereitet – jedenfalls nicht in dieser Größenordnung.

Es gibt eine griechische Kulturlandschaft, die von den Reiseführern nicht wirklich gewürdigt wird: es ist das Straßendorf an der

Küste, eine endlose, sukzessive ausgebaute Kolonne von unzähligen Tavernen, Kiosken, kleinen Märkten, Pensionen und kleineren Hotels – die jeden Sinn, jede Berechtigung und jedes Leben einbüßt, sobald die Besucher abgereist sind. Korfus Ostküste ist so organisiert und über große Strecken auch die Nordküste Kretas. Schlägt man dort außerhalb der Saison auf, dann kann man von Glück sagen, wenn noch eine Bäckerei oder ein Gyros-Stand auf hat. Der Rest hält schon deswegen geschlossen, weil auch die griechischen Betreiber samt Belegschaft abgereist sind: nach Heraklion oder gleich nach Athen. Das, was das Ganze so entsetzlich trostlos macht, ist das weiterhin gute Wetter. Auf Thasos kann man im November besser baden als auf Borkum im August und an Kretas Südküste merkt man nur aufgrund der kürzer werdenden Tage, dass es Winter wird – ich hatte damals schließlich nach Paleochora gefunden, eine Kleinstadt im äußersten Südwesten der Insel, zufällig der sonnigste Punkt Kretas und mit einer Durchschnittstemperatur von 18 Grad gesegnet, im November! Das Saisonende hat also ausschließlich mit Flugplänen zu tun und markiert das halbjährliche Ende des organisierten Bevölkerungsaustausches – objektive Gründe dafür aber gibt es nicht! Vielmehr scheint mir die Saison mehr eine kulturelle als natürliche Notwendigkeit zu sein, dem Umstand geschuldet, dass es den Griechen schlicht nicht möglich ist, das ganze Jahr über Besucher mit Freundlichkeit zu umschmeicheln und zu verköstigen. Irgendwann muss Pause sein, irgendwann muss man zum eigenen Leben zurückfinden. Und das ist von Oktober bis April. Natürlich gibt es große klimatische Unterschiede zwischen Makedonien und den Ionischen Inseln auf der einen Seite, sowie der Peloponnes, Kreta und den Kykladen auf der anderen. Im Nordwesten und im Norden fällt der Winter erheblich feuchter aus, auf Thasos liegen mitunter sogar ein paar Zentimeter Schnee. Davon aber sollte sich niemand abhalten lassen, Griechenland außerhalb der Saison zu besuchen – nur muss man schauen, in einem funktionierenden Gefüge zu landen, nicht in einem Touristennest. Ein Beispiel dafür ist Kerkyra, die Hauptstadt

Korfus: Voll, heiß und teuer im Sommer, günstig, beschaulich und wunderschön im Winter. Wer Kerkyra einmal in der Nichtsaison oder während der sogenannten Schultermonate erlebt hat, durch die venezianischen Gassen gestreift ist, dem wird jedes Verständnis dafür fehlen, im Hochsommer hierher kommen zu wollen, wenn die Kreuzfahrtschiffe vor Anker liegen und die Altstadt mit Menschen geflutet ist.

Jahrelang war Korfu mein Ausgangspunkt auf den Balkan bzw. nach Albanien und meist bin ich ein paar Tage im Nest Benitses südlich der Hauptstadt geblieben, um mich zu sortieren oder irgendeine Arbeit zu erledigen. Benitses gehört zu besagten Promenadendörfern, deren Strand so gründlich zugebaut ist, dass man als Fußgänger den Eindruck hat, man käme nie wieder raus, das Stakkato fände kein Ende. Einmal war ich spät dran und Benitses im Mai schon im Vollbetrieb, die Rollläden waren hochgezogen, die Kioske mit Schnorcheln und Luftmatratzen ausgestattet worden, die Tavernen und Bars waren gut gefüllt – hauptsächlich mit Engländern, die tags am Strand lagen, abends ihren Jorgo oder Dimitri besuchten und sich gepflegt volllaufen ließen. »So sieht das hier also während der Saison aus!«, dachte ich und fragte mich im gleichen Zuge, wozu man sich das antun sollte – wo doch Griechenland an Alternativen allzu reich ist und das Paradies der korfiotischen Westküste einen Katzensprung entfernt, die Insel Paxos von Kerkyra aus mit der Fähre erreichbar ist, Erikoussa und Othoni desgleichen. Und wo es doch ein ganzes halbes Jahr gibt, während dem Griechenland ganz bei sich ist.

51. Grund

Wegen der Zeit der Zikaden

Der Sommer in Griechenland ist wirklich unendlich. Er spannt sich vom Frühjahr bis in den Herbst und überwölbt die Monate dazwischen. Im Erwachsenenalter verspricht er einem das, was man als Kind in den großen Ferien schon mal besaß. Der Sommer ist ein Leuchten: Alles wird hell, auch die Bergrücken beginnen weißlich zu scheinen, weil die Vegetation aufgegeben hat, die Steine zum Vorschein kommen. Jetzt beginnt die Zeit der Zikaden, jetzt, wo auch der Abend keine Abkühlung mehr bringt.

Zikadenzirpen, Piniendurft und der warme Boden, die Füße über Wochen in Sandalen: das war für mich seit meiner Kindheit der Sommer, so musste und nur so konnte er sein. Damals fuhren wir mit der Bahn über Nacht nach Rijeka und tauchten in den Sommer ein. Inzwischen sehe ich das nicht mehr ganz so, inzwischen finde ich den Zikadengesang so unerbittlich und unausweichlich wie den Hochsommer selbst. Es gibt keine Flucht, es gibt kein Versteck, eine Pause ist nicht drin. Die kleine Kate in Mikro Kazaviti mit den zwei Zimmern heizt sich irgendwann auf über 30 Grad auf und das Thermometer fällt nur noch minimal, auch wenn man nachts alle Fenster aufreißt. Das Zirpen scheint mit der Hitze anzuschwellen, die Zikaden klingen zunehmend verzweifelter, erinnern mich an Straßensänger, denen keiner zuhören mag und die trotzig stetig lauter werden. Sie haben den Platz umstellt, sitzen auf den Dächern und an jeder Ecke, sie spielen das immer gleiche Lied auf ähnlich schlecht gestimmten Gitarren und das macht mich ganz kirre. Schluss ist erst, wenn auch beim Menschen Schluss ist, wenn die Hitze so allgewaltig wird, dass man nichts mehr tut und nichts mehr denkt. Es sind Winde aus der Sahara, die zuweilen 40 Grad und mehr bringen – das Leben liegt flach. Dauerhitze macht das Hirn fertig, der Körper gerät an Grenzen. Nervenzellen sind aus Protein, aus Eiweiß – sie können ins Stocken kommen. Das Leben steht erst wieder auf, wenn ein leichter Lufthauch Kühlung bringt: das Gehirn springt wieder an und fragt sich, wo es die letzte(n) Woche(n) verbracht hat, was das für ein Zustand gewesen ist … und auch die Zikaden setzen wieder ein.

Vom Fortschritt des Jahres erfährt man nur, weil die Tage irgendwann sichtbar kürzer werden und die Tomatenpflanzen erschöpft und ausgelaugt zusammenfallen. Das Wetter aber bleibt warm bis spät in den Oktober, die Sonne verliert kaum an Kraft – und Regen, wenn er denn käme, wäre ein Glück. Die Nächte bringen, weil länger, leichte Kühlung und damit Erlösung. Wer einmal die komplette Saison in Griechenland verbracht hat, wer einmal blieb, der wird den Sommer als anderer Mensch verlassen, der wurde geprägt und weiß jetzt, was das heißt, ein ganzer Sommer.

Es ist ein bisschen wie mit den südlichen Sonnenuntergängen, die kaum Zeit lassen zum Staunen, die abrupt ausfallen aber zugleich einen langen Nachhall an den Himmel strahlen.

Der Norden ist gemütlicher, der Lichtschein noch im August unendlich, der Weg der Sonne ein weiter. Der Norden nimmt sich Zeit, die Jahreszeiten sind Verläufe, bestehen aus Unklarheiten, aus noch und noch nicht, aus schon und bald. Alles, was sich im Norden erst ankündigt und Zeit braucht, Rückschläge erleidet und Fortschritte erzielt, dass bricht in Griechenland an, das geschieht plötzlich. Die Trauben reifen schlagartig, die Lese kann drei Monate im Voraus geplant werden. Der Herbst kommt als ein Tag im Oktober, sobald sich plötzlich Wolken einstellen und der Wind auffrischt. Mit einem Mal ist es kühl und das Jahr in eine andere Phase eingetreten.

52. *Grund*

Weil die Griechen aus Zucker sind

Sobald es aber ein bisschen zu regnen beginnt – ich rede nicht von Schauern oder Regengüssen, ich meine einzelne Tropfen – setzt blitzartig eine Massenflucht ein: Damen suchen grüppchenweise Schutz unter den Markisen, gestandene Familienväter rennen über die Straße, als wäre der Regen aus Säure. Die Körper verkrampfen, die Mienen verzerren sich, sofort werden die Schultern hochgezogen, die Arme über den Kopf oder die Hände vor's Gesicht gehalten: Griechen sind aus Zucker!

Ähnliches gilt bei bewölktem Himmel, ja schon bei fahlem Sonnenschein, bei Dunst oder Nebel: Es herrscht schlechtes Wetter und das ist ein eindeutiges Signal dafür, sich nicht nach draußen zu wagen, nicht zu Fuß, nicht im Auto. Wo sollte man auch hinwollen, wenn alles zu hat – wenn selbst der Periptero seine Flügel einklappt.

Ein ordentlicher Wolkenbruch und die Cafés werden geschlossen, das ganze Leben, was ja zum Großteil auf Draußensein basiert, erstarrt innerhalb weniger Augenblicke: Rückzug in die Häuser und Wohnungen – Rückzug in die Städte. Ein Strandspaziergang bei Regen – ein völlig ungriechischer Gedanke! Selbst die hiesigen Kinder scheinen keinerlei Neugierde zu empfinden für Pfützen und Matsch. Das Meer verliert seine Farbe, die weißen Häuser strahlen nicht mehr, selbst die Farben wirken auf einmal stumpf und schäbig. Die Bauernhäuser haben keine Regenrinnen, das Wasser tropft von den Dächern, so als ob sie weinten. Alles Unschöne, was in der Sonne noch Charme hatte, sieht jetzt auch unschön aus. Die Ablaufrinnen an den Berghängen füllen sich, das steinerne Bachbecken ist jetzt ein Fluss, die Olivenbäume ermatten, die Wege im Dorf verschlammen. Die Bergrücken wirken auf einmal schmutzig und grau – der Himmel taucht die griechische Landschaft in eine Farblosigkeit, die wie Berlin im November anmutet.

Solange es regnet, sieht man in Mikro keinen Menschen. Sobald es regnet, schmeißt Stamatia den Ofen an und erst abends – wenn der Spuk vorbei ist – wagt man sich wieder zur Taverne hinunter, um dort das elementare Geschehen zu besprechen.

53. Grund

Weil es den Winter nicht gibt, Punkt.

Wenn der Herbst Regen bringt, dann kommt man im Winter in die Traufe. Die Existenz des Winters wird freilich bestritten, scheint er doch lediglich eine Intensivierung des herbstlichen Ungemachs zu bedeuten. Trotz wiederholter negativer Erfahrung zieht man es im küstennahen Griechenland vor, dem Winter unvorbereitet zu begegnen. Dies liegt daran, dass dieser nicht als Faktum gilt, sondern maximal als Verhandlungssache. Es könnte nämlich sein, dass der Winter gar nicht kommt – und dann hätte man sich völlig umsonst auf das Schlimmste vorbereitet. Und sollte er wider Erwarten doch kommen, dann ist er womöglich von so kurzer Dauer, dass sich die ganze Aufmerksamkeit gar nicht lohnt. Nein, das Beste ist, die Möglichkeit eines Winters Jahr für Jahr zu ignorieren!

Yannis hält einen Winter in diesem Jahr schon deswegen für unmöglich, weil es im letzten überraschenderweise einen gab. Da lag über Wochen Schnee und die Straße wurde nicht geräumt. Das Unerhörte trifft doch nicht zweimal hintereinander ein! Winter ist etwas, das eventuell unter Umständen vielleicht Ende Januar, Anfang Februar mit andauerndem Wind und Regen einsetzt, die Griechen aus dem Gemüsegarten (Wintergemüse: Spinat, Lauch, Zwiebeln, Petersilie, Mangold, Erbsen, Rosenkohl) in die beheizten Stuben treibt, in denen sie ausharren, bis sich spätestens Anfang März der Himmel und damit die ganze Angelegenheit klärt. Der Winter ist, wenn er denn überhaupt kommt, eine Sache von wenigen Wochen:

mehr ein *Ereignis*, als eine unvermeidliche, jährlich wiederkehrende und sich gemein dahinziehende Zeitstrecke. Deshalb kann es ebenfalls passieren, dass Griechen »den Winter« als »furchtbar, schrecklich, grauenhaft, gemein« beschreiben – damit aber wenige Tage, maximal Wochen meinen. Wir sprechen wohlgemerkt nicht vom hohen Bergland, vom Pindosgebirge an der albanischen Grenze oder den Höhenzügen des Parnass, wo kontinentales Klima herrscht und damit strenge Winter. Wir reden von der Küste und den küstennahen Gebieten – und im Fall von Thasos von etwa halb soviel winterlichem Niederschlag wie beispielsweise in Bayern. Allerdings sind in unisolierten Häusern schon Temperaturen von zwölf oder fünfzehn Grad kein Spaß: Während man es draußen im Café gut aushält, kühlt man während eines längeren Aufenthalts im romantischen Steinhaus aus. Die allgegenwärtige Lösung in Form von Airconditionern, die sowohl Kühlen als auch Heizen können, ist eine halbgare: nur die Luft wird warm, Steinfußböden, Bad und Wände bleiben, weil unisoliert, eiskalt. Da kann man das Gebläse auf 30 Grad hochfahren, es hilft alles nichts. Es ist ein bisschen, als würde man versuchen, ein Iglu mit dem Föhn zu wärmen. Die einzige vernünftige Lösung besteht darin auszugehen: den Tag im Café, den Abend in der Taverne zu verbringen und das Zuhause als Schlafplatz zu begreifen. Gemütlich ist es nur dort, wo die anderen auch sind. In Kazaviti und in den anderen Bergdörfern gibt es noch Holzöfen, die für eine Bombenhitze sorgen. Auch in Stamatias Taverne steht ein riesiger Kamin. Den habe ich lange für Dekoration gehalten, bis ich erstmals im Winter dort war und abends regelmäßig dahin bin, wo der Kamin brannte.

54. Grund

Weil man schon mal die Zeit vergisst

»Heut' is' Freitag, oder?«
»Ne, Samstag, gestern war Freitag.«
»Echt?«
»Ach, Quatsch, stimmt: heut' is' Freitag.«
Pause.
»Oder doch Samstag?«
»Ja, ich glaub' auch.«

Kapitel 5

In der Taverne

55. Grund

Weil die Taverne ein Exportschlager ist

Griechenlands Hauptexportartikel sind – wer hätte das gedacht? – Lebensmittel aus landwirtschaftlicher Produktion wie Olivenöl, Feta, Tomaten und Rosinen. Wobei Wein und Ouzo mit nur 3 % einen verschwindend geringen Anteil ausmachen. Zweitwichtigstes Exportgut sind pharmazeutische Erzeugnisse, gefolgt von sogenannten Halbwaren (industrielle Vorprodukte wie Aluminium, Blech oder Kupfer) sowie Textilien. Der eigentliche Exportschlager fehlt jedoch in der Statistik, weil er sich nicht in der Außenhandelsbilanz niederschlägt, sondern stattdessen zum Bruttoinlandsprodukt des importierenden Landes beiträgt: Es ist die Taverne. Allein in meiner fränkischen Heimatstadt (eine Kleinstadt von gerade mal 18.000 Einwohnern) gibt es vier griechische Restaurants – die »Akropolis-Platte« gehört zu meinen Kindheitserinnerungen und bis heute nutzt meine Mutter jeden meiner Heimataufenthalte dazu, mindestens einmal zum Griechen zu gehen. Natürlich hat sich dieser dem Klientel angepasst und sorgt für gut gefüllte, streng private Teller. Tomatenreis ist außerhalb Griechenlands obligatorischer Standard, die Oliven sind von der Metro und wurden mit Eisengluconat schwarz gefärbt. *Meze,* also Vorspeisentellerchen, gibt es nicht, stattdessen bekommt man, kaum dass man sitzt, einen Ouzo aufs Haus. Der Betrieb ist streng patriarchalisch organisiert, nur der Wirt darf Bestellungen aufnehmen und anschließend kassieren, der Service ist auf Hol- und Bringdienste beschränkt. Der Wirt lässt sich duzen und duzt seine Gäste, er fragt nicht nur nach dem Befinden, sondern auch nach den weiteren Familienangehörigen. Mit einem Wort: er stiftet routiniert jenes Milieu aus Alkoholisierung, Röstaromen und Gastfreundschaft, in dem sein Klientel, inklusive meiner Mutter, aufblüht. Hierin liegt der Grund, warum griechische Tavernen im Gegensatz zu etwa italienischen Eisdielen oder chinesischen Restaurants, in der

Tat von Griechen geführt werden: Ausschließlich Griechen können das! Ohne Griechen fehlt das Griechische, da spielen Rezepte und Prozeduren eine untergeordnete Rolle. Wahrscheinlich mangelt es deswegen oft am kulinarischen Ehrgeiz, an Ambitionen, regionale Besonderheiten anzubieten und sich zum Botschafter griechischer Essenskultur aufzuschwingen: Es ist nicht nötig. Die Metro Oliven tun es auch, Hauptsache die Atmosphäre stimmt.

Grundsätzlich versucht ein griechischer Gastgeber, es seinen Gästen Recht zu machen und nicht sich selbst. Meiner Mutter habe ich versucht zu erklären, dass wir nach griechischer Definition gar nicht in eine Taverne einkehren, sondern in ein *Estiatorio.* Schließlich gäbe es Tischdecken aus Stoff und nicht aus Papier, wie sie in der Taverne Pflicht sind. Außerdem sei es erst Mittag, also die Stunde der gediegeneren *Estiatoria*, wohingegen die Taverne erst Abends besucht würde. War meiner Mutter egal, Hauptsache gebackene Aubergine und Ofenkäse – und ist es ja eigentlich auch, zumal die Grenzen zwischen den Institutionen in der Praxis eh verschwimmen. Aber in eben solchen Begriffen spiegelt sich der Reichtum griechischer Traditionen – ein Grund mehr, diese näher zu betrachten.

56. Grund

Wegen der Vielzahl der kulinarischen Institutionen

In Limenas, der Inselhauptstadt von Thasos, reiht sich eine Vielzahl kaum unterscheidbarer Tavernen entlang des alten Hafens aneinander und bietet identische Gerichte aus identischen kunstledernen Menü-Mappen an. Die Aufsteller entlang der Promenade versprechen das absolut gleiche Programm, nicht einmal die Preise unterscheiden sich großartig. Die Gäste sitzen minutenlang und entnehmen der Karte, was sie eh schon wissen, um zu bestellen, was sie eh schon kennen. Überraschungen sind ausgeschlossen – sieht man einmal von dem unbedarften jungen Mann ab, der annimmt, er investiert 7 Euro in das *Bifteki* und bekommt ein Beefsteak – parakalo?! Die Frage, ob der Oktopus frisch sei, wird zur allgemeinen Zufriedenheit freundlich bejaht, wenngleich der Wirt in Wahrheit »frisch aufgetaut« meint. Insbesondere deutsche Touristen tendieren zu Fisch und Meeresfrüchten, in der Annahme, diese kämen frisch aus der überfischten Ägäis und nicht etwa aus den internationalen Gewässern vor dem Senegal …

In der Taverne gibt es den ewiggleichen Kanon an Gerichten, der lediglich standort- oder regionsbedingt ein wenig variieren kann. Viel Spielraum bleibt dem Wirt auch gar nicht, denn seine Gäste erwarten bestimmte Speisen, die Idee eines tagesaktuellen Menüs ist abwegig und widerspricht den eingespielten Abläufen des Vorproduzierens, Verwertens und Auftauens. Die Menü-Karten sind lediglich ein Zugeständnis an die Gewohnheiten der internationalen Gäste und jüngeren Datums.

Anders im *Estiatorio*, dort herrscht nicht der rustikale Kanon an Tavernengerichten, sondern aufwendigere Zubereitungsweisen, von denen der treue Tavernengänger noch nie gehört hat: zum Beispiel Lamm als Frikassee mit Ei-Zitronen-Sauce oder geschmort mit grünen Bohnen. Die Taverne kennt solche Kombinationen tendenziell nicht, das Fleisch kommt als Fleisch, der Fisch als Fisch, dazu gibt es Bauernsalat, Ofenkartoffeln oder das, was man *dazu* bestellt. Im Estiatorio sind diese Aromen bereits vermählt – wäre es so berühmt geworden wie die Taverne, die griechische Küche würde es hinsichtlich Verbreitung und Zuspruch heute locker mit der italienischen aufnehmen. Trotz dieser Unterschiede berufen sich sowohl Taverne als auch Estiatorio auf dieselbe Philosophie von der Qualität der Ausgangsprodukte. Pate der griechischen Küche sei der Respekt für die Natur und die Liebe zu den Mitmenschen gleichermaßen, so sagt jedenfalls Costas Spiliadis, der von Montreal (!) aus ein kleines Imperium an hochklassigen *Estiatoria* leitet. Glauben wir ihm, aber machen wir uns gleichzeitig klar, dass der ziemlich gute und ziemlich ambitionierte Koch der Avra Taverna in Benitses auf Korfu, nichts dabei findet, *Surimi* als Krebsfleisch auszuzeichnen und auch zu servieren. Ich müsse verstehen, sagt er, Krebsfleisch sei einfach zu teuer. Er müsse verstehen, sage ich, dann solle er es auch so auf die Karte schreiben – ich, der junge, etwas unbedarfte Gast, der annimmt, er würde 10 € in *crabmeat* investieren und auch bekommen – parakalo?!

Ich fasse zusammen: Eine Taverne ist ein Wirtshaus, und das Estiatorio ein Restaurant. In ersterer landen Sie automatisch, letzteres sollten Sie suchen! Taverne kommt vom Lateinischen *taberna*, und bezieht sich auf die hölzerne Bauweise einer Art Schuppens. Ganz anders das Estiatorio, hier steht die altgriechische Vokabel *hestiatorion* Pate: *Hestia* bezeichnet sowohl den Herd als auch die olympische Göttin für Familie, Herd und Feuer. Ein *hestiator* ist der Gastgeber eines Banketts und *-ion* die besitzanzeigende Endung für den Ort dieses Geschehens. Die Alltäglichkeit der Taverne und das Besondere des Estiatorios sind also schon in der Etymologie angelegt, ebenso wie der enge Bezug zu Familie und Gastgeberschaft: Welche kulinarische Instanz wir auch immer besuchen, es handelt sich stets um das Haus von Griechen, die unsere Gastgeber sind!

Eine *Ouzeri* wiederum trägt ebenso wie das *Kafenion* ihren Daseinszweck bereits im Namen, es würde jedoch zu kurz greifen, sie lediglich als Schankwirtschaft oder Café zu übersetzen. Das Kafenion hat nichts mit einem Café in Wien, Berlin oder Paris zu tun, obwohl dreifach aufgebrühter Kaffee durchaus im Zentrum stand – ich schreibe in der Vergangenheitsform, weil das Kafenion nahezu ausgestorben ist. Und wenn es als *Neo Kafenion* zum Beispiel in Thessaloniki wiederbelebt wird, dann in einem ganz anderen Kontext. Einst war das Kafenion der soziale Mittelpunkt der Dörfer, insbesondere tagsüber, bevor die Taverne öffnete. Im Kafenion kam die Post an, hier stand der Fernsprecher und später das einzige Fernsehgerät. Zu Essen gab es Kleinigkeiten, Schälchen mit Oliven, Feta mit Olivenöl und Oregano – aber nichts vom Grill, wie in der Taverne. Dies mag ein Grund dafür sein, dass Touristen das Kafenion dort, wo es noch existiert, links liegen lassen und schnurstracks die Taverne ansteuern. So teilen sich im Dorf Maries, im Inselinneren von Thasos, gleich zwei Tavernen die kleine Platia und stellen diese mit Tischen voll. Regelmäßig spielt die Bouzouki auf und deshalb kommen die Ausflügler in Scharen, sodass es schwer ist, später am Abend noch einen Tisch zu bekommen. Fast leer bleiben hingegen die zusammengewürfelten Tischchen und Stühle an der Stirnseite des Platzes, nachlässig vor dem Dunkel eines Eingangs abgestellt, es gibt kein Schild, es gibt keine Karte. Nur zwei ältere Herren halten die Stellung, sitzen auf ihre Gehstöcke gestützt und lauschen von dort der Musik. Dies ist das Kafenion – bzw. das, was davon übrig ist. Es taugt den jungen Leuten nicht, und jung sind alle unter Fünfzig. Wahrscheinlich muss es bald schließen – die Gäste sterben ihm weg – und einer weiteren Taverne Platz machen.

Häufig übersehen und mehr im Landesinneren als an Touristenhotspots zu finden ist das Μαγειρείο. Mayeirio bedeutet schlicht und einfach »Küche« was den Gegensatz zum Grill, der eine Taverne ausmacht, hervorheben soll. Im Mayeirio (auch Mageireio) kommt das Essen also aus Töpfen und zwar meist mittags und nicht abends. Wenn Sie also unterwegs auf solch ein Lokal stoßen, gibt's nur eins: anhalten und bestellen.

57. Grund

Weil die Platia und die Taverne im Mittelpunkt des Dorflebens stehen

Allerdings sind in vielen Dörfern die zentralen Plätze und damit auch die Tavernen längst in neuer Hand. Sie sind auch nicht mehr auf das Dorfgeschehen ausgerichtet, sondern auf Außenwirkung. Sie funktionieren nur, weil sie Gäste von außerhalb anlocken. Einmal kehrten wir an der Platia von Megalo zum Mittagessen ein. Die

Kellner waren am Vorbereiten, Tische eindecken und Stühle rücken, die Flut an Gästen schwappt jeweils erst abends nach Megalo hoch, sie kommt hauptsächlich von den Stränden und aus den größeren Hotels – nicht aber aus dem Dorf selbst. Die Platia ist das Dorfzentrum, ein kleiner Platz, von riesigen Platanen umstanden und zum Verweilen einladend. An der Platia und am abendlichen Betrieb dort, lässt sich ablesen, wie es um das Dorf bestellt ist, wie sich die Bevölkerung zusammensetzt.

Einst hatte es hier zwei Tavernen gegeben und ein bisschen weiter unten noch ein Kafenion dazu. Die Platia war der allabendliche Treffpunkt der gesamten Dorfgemeinschaft, die Tavernen stellten Tische und Stühle hinaus, um ihren Teil des Platzes zu bewirtschaften. Auf fest installierten langen Holzbänken ließen sich diejenigen nieder, die nicht in die Taverne einkehren mochten. Das Kafenion aber hatte lange schon dicht gemacht, die eine Taverne war von der anderen übernommen bzw. von irgendeinem großen Tier aus Thessaloniki gekauft worden. Obendrein hatte der neue Besitzer die Holzbänke abgebaut und dadurch die gesamte Platia in (seine) private Hand gebracht. Megalo und Mikro Kazaviti waren einst berühmt gewesen für das hier servierte Essen, für die besonderen Verfahrensweisen und Rezepte der Bergbevölkerung. Noch findet sich dieser Hinweis in den Reiseführern, die Wirklichkeit ist aber längst eine andere.

Traditionelle Tavernen erkennt man am Heer der Katzen, da bin ich mir ganz sicher, denn das ist bei Stamatia nicht anders als in Sotiras auch. Die Katzen zeigen an, dass täglich und frisch gekocht wird – wäre dem nicht so, dann fiele nicht jeden Tag etwas ab, was den Aufenthalt lohnen würde. Als Wirt oder Wirtin einer Taverne ist man aber ausschließlich für die lokalen Katzen zuständig, keinesfalls für auswärtige. Als Ingbert in Kazaviti auf Besuch war und wir auf halbem Weg durch die Portionen schließlich kapitulierten, erbat er sich von Stamatia eine Plastiktüte, diese fragte: »Wozu?«

»Wegen dem Rest von der Haxe …«

»Den willst du mitnehmen? Kann ich dir einpacken, da nimmst du einen Karton, das ist besser ...«

»Nicht nötig, ist nur für die Katzen.«

Stamatia hielt inne und fixierte Ingbert kurz, bevor sie sagte: »Wir haben auch Katzen in Kazaviti!«

58. Grund

Weil Griechen nicht einfach essen gehen, sondern Feste feiern

Ouzerien sind mir bislang nur in der Stadt begegnet – es braucht ausreichend Publikum für diese Art kulinarischer Ausdifferenzierung. Der Name trägt der griechischen Gewohnheit Rechnung, zum Essen Hochprozentiges zu sich zu nehmen. Nicht unbedingt Ouzo, sondern auch doppelt destillierten Tsipouro, mit oder ohne Anis. Die Stärke wird nach Belieben durch Eiswürfel heruntergedimmt. Serviert werden hauptsächlich *Mezedes*, wobei jeder der Anwesenden nach seinen Vorlieben bestellt, die Schälchen dann aber der Allgemeinheit zur Verfügung stellt. Man teilt die Zeit *und* die Gerichte. Schon weil gut und viel gegessen wird, lässt sich eine Ouzeri nicht als profane Kneipe beschreiben. Alkohol zu konsumieren, ohne etwas zu essen, mag an den Hotelpools in Ordnung sein, nicht aber in der Ouzeri, ja noch nicht mal in einer modernen Bar. Dort wird zum Bier mindestens ein Schälchen Erdnüsse gereicht. Weil sich das so gehört.

Mezedes (für die neben der Ouzeri auch die *Mezedopolio* zuständig ist) sind eher als Darreichungsform zu verstehen: Es handelt sich nicht (wie beispielsweise in der Türkei) um ganz bestimmte Gerichte oder eine fixe Kombination. »Vorspeisen« trifft es daher nicht, denn weder in der Ouzeri noch in der Mezedopolio gibt es unterschiedliche Gänge. Es wird bestellt und dann kommt entweder alles gleichzeitig auf den Tisch oder in Wellen, je nachdem, was die Küche leisten kann. Leeren sich einzelne Teller, dann wird sich automatisch jemand finden, der nachbestellt. Zum Schluss bleibt der Tisch übervoll mit Tellern und Schälchen und es gehört zum guten Ton, dass diese nicht vollständig geleert sind. Individuelle Einzelportionen, die brav aufgegessen werden, widersprechen der griechischen Vorstellung von Geselligkeit, getrennt zu bezahlen auch. Dimitri hat es einmal so formuliert: »Die Bulgaren fressen, die Deutschen nehmen Nahrung auf, die Griechen aber feiern ein Fest.« Ihm war aufgefallen, dass das Gespräch an den deutschen Tischen unterbrochen wird oder zumindest abebbt, sobald die Gerichte aufgetragen werden: »Ihr geht aus, um zu essen. Wir gehen essen, um zusammen zu sein.« Ich erinnere mich an Familienessen in fränkischen Gasthäusern, jeder einen beige-braun-dampfenden Teller vor sich, bemüht, den Schweinebraten möglichst heiß, schnell und leise zu sich zu nehmen: »Beim Essen spricht man nicht!« wurden wir Kinder vom Vater ermahnt. Meine Mutter hingegen versuchte sich oft in der Rolle der Griechin, unterbrach die Nahrungsaufnahme immer wieder, um das Gespräch aufzunehmen. Nicht nur wegen des mediterranen Klimas, sondern weil Zeit und Gespräch so wichtig sind, wird in Griechenland nichts zu heiß gegessen.

59. Grund

Weil ein Tavernenbesuch wie Heimkehr ist

Man schaut in der Taverne vorbei wie bei der Familie, schaut wer gerade da ist, setzt sich dazu oder beobachtet Ausflügler. Ich habe meist den Computer dabei, nutze das WLAN, trinke erstmal ein Bier und weiß noch gar nicht, ob ich etwas esse. Das hängt davon ab, wie lange ich bleibe und das wiederum von den anderen Gästen und wer noch so reinschaut. Zu Essen gibt es in der Taverne alleine schon deswegen, weil sie den abendlichen Aufenthaltsort des Dorfes stiftet. Und wer sich aufhält, der braucht irgendwann etwas zu essen. Es ist der Ehrgeiz des Tavernen-Wirtes oder der Wirtin, das im Angebot zu haben, was die Gäste möchten. Im Leben nicht würde man sich erdreisten, diesen eine Empfehlung aussprechen – woher soll man denn wissen, wonach den Gästen gerade ist? Außerdem, wenn ein Gericht herausgehoben würde, suggerierte das nicht, dass die anderen schlechter seien? Wo doch alles gut ist! Nein, nein, die Gäste müssen schon selber wählen. Insgeheim aber weiß die Wirtin doch, was der Gast will. Das sieht dann ungefähr so aus:

Stamatia (im Vorübergehen): Jörg, willst du etwas essen?
Jörg: Ja!
Stamatia (bleibt stehen): Und was möchtest du?
Jörg: Was gibt es denn?
Stamatia (wendet sich um): Kommt darauf an, was du willst …
Jörg: Was empfiehlst du …?
Stamatia: Ich kann alles empfehlen …
Jörg: Ja?
Stamatia: Warmen Bohnensalat zum Beispiel …
Jörg: Nehm ich.
Stamatia: Bisschen gegrilltes Brot dazu?
Jörg: Gerne!
Stamatia: Und Fleisch. Du bekommst Fleisch … eine Haxe vielleicht?
Jörg: Gern die Haxe!
Stamatia (im Gehen): Also Bohnen und die Haxe … mit Ofenkartoffeln …

Wenn es eine Grundregel in der Gastronomie gibt, dann diejenige, dass der Gast nichts in der Küche und nichts hinter dem Tresen zu suchen hat und sich schon gar nicht selbst bedient. Nun, in Griechenland gilt das Gegenteil: Klare Grenzen und abgetrennte Bereiche, definierte Zuständigkeit und reibungsloser Service sind Hinweise darauf, dass man sich in einer Touristenfalle befindet. Eine traditionelle Taverne zeichnet sich hingegen durch eine gewisse Durchlässigkeit aus, die Grenzen sind nicht klar gezogen und teils sogar abgeschafft. Zum Beispiel hat mich Stamatia von Anfang an dazu erzogen, mir mein Bier selber zu holen. Schließlich bin ich bei ihr wie zuhause und von meiner eigenen Mutter würde ich mir ja auch kein Bier bringen lassen! Ich muss also einmal quer durch die Küche bis zur Speisekammer, wo die Kühlschränke stehen. Unterwegs kann es passieren, dass Stamatia den Deckel von einem Topf hebt und mich die Gewürze raten lässt. Das war und ist immer noch völlig normal: In die Küche zu gehen und sich die Töpfe zeigen zu lassen, um auf diese Weise sein Gericht zu wählen. Probieren sie das bei Gelegenheit einmal aus, vorausgesetzt Sie befinden sich nicht in einem dieser Souvlaki-Schuppen, wo drei oder noch mehr Keller zwischen den Tischen hin- und herlaufen – weißes Hemd und Krawatte sind Alarmzeichen! Nehmen Sie Platz, bestellen Sie erstmal ein Getränk, warten Sie, bis es kommt, lassen Sie die Karte links liegen und fragen Sie bei der ersten Gelegenheit, ob Sie in die Küche schauen dürfen. Geben Sie dort ihre Bestellung auf und halten Sie keine Rücksprache mit ihren Tischgefährten, bestellen Sie für diese mit und übertreiben Sie, nehmen Sie zwei, drei Gerichte zu viel. Seien Sie Grieche!

Erwarten Sie von einer traditionellen, familiengeführten Taverne auch keine großartigen Serviceleistungen, sobald Sie einmal versorgt sind. Um Getränkenachschub oder ähnliches müssen Sie sich schon aktiv bemühen – aktiv bedeutet aufzustehen und hineinzugehen. Mit großer Wahrscheinlichkeit ist die gesamte Belegschaft in der Küche und gerade derart beschäftigt, dass es niemand auf die Terrasse schafft. Nur dort, wo Sie ausgenommen werden wie ein Seeigel, wird allzeitbereit ein Kellner um Sie herumscharwenzeln und die Cola fliegt nur so auf den Tisch. Ich schäme mich zwar ein bisschen für den Streich, aber er ist leider zu gut, um Ihnen diesen vorzuenthalten – außerdem wurde uns längst verziehen. Es war so: Wir saßen draußen auf der Terrasse, der Weißwein war schon länger aus, und

Ingbert war ebenso lange schon um Nachbestellung bemüht. Allein es erschien niemand. Da ich nicht für Wein zuständig bin, sondern nur für den Kühlschrank mit dem Bier und den Softdrinks, schlug ich aufgrund Ingberts steigender Ungeduld vor, er möge mittels Mobiltelefon doch einfach drinnen auf dem Festnetz anrufen, um die Bestellung aufzugeben – gegebenenfalls auch zur Abholung. Hat er auch gemacht, zum Entsetzen der restlichen Tischgäste. Stamatia hat uns daraufhin eine halbe Stunde lang wie nichtsnutzige Lausbuben behandelt und dann war wieder gut.

Man verlässt die Taverne so, als ob man von einem Familienbesuch aufbräche. Nicht überstürzt, sondern dann, wenn es angebracht ist. Die meisten Touristen machen den Fehler, von jetzt auf gleich aufbrechen und die Rechnung binnen Minuten begleichen zu wollen. Eben noch haben sie Getränke nachbestellt, den Abend genossen und die griechische Entspanntheit gelobt, die familiäre Atmosphäre und die Ungezwungenheit. Sie haben ein Schwätzchen mit Stamatia gehalten, bevor diese wieder in die Küche entschwand, um mit Maria den nächsten Tisch zu bekochen. Dann auf einmal beschließen sie, dass es an der Zeit sei, und wollen zahlen. Und zwar sofort. Und merken nicht einmal, dass sie damit die familiäre Basis einseitig aufkündigen. Mit den Scheinen in der Hand glauben sie, auf einmal etwas einfordern zu können, dessen Abwesenheit sie eben noch genossen haben. Während auf der Terrasse ein ganzer Tisch nervös wird, nur weil er den Aufbruch beschlossen hat, muss Stamatia drinnen erst einmal kochen, bevor sie daran denken kann, die Positionen zu addieren und mit dem Zettel zum Tisch zu gehen. Außerdem wurde dem drängelnden Tisch ja noch gar kein Nachtisch serviert, der (abgesehen von den Souvlaki-Schuppen) immer aufs Haus geht! Alles hat seine Zeit, und wann bezahlt werden kann, hängt nicht vom individuellen Willen ab, sondern vom kollektiven Zusammenspiel.

Andererseits muss man die Verzögerung bei der Rechnungslegung, beim *Logariasmo*, als fernes Echo jener griechischen Gastfreundschaft verstehen, die keine Rechnungen schreibt, der das Addieren sogar ein bisschen peinlich ist. Völlig unbegründet ist übrigens die Sorge so einiger, bei der Rechnung über's Ohr gehauen zu werden – wäre das gewollt, es gäbe wirklich andere Möglichkeiten als eine derart offensichtliche wie die abschließende Auflistung. Mit Stamatia muss ich regelmäßig ausfechten, wann und was ich überhaupt zahle: »Heute zahlst du nicht, du hast die letzten Male gezahlt.«

»Aber Stamatia, die letzten Male hatte ich jeweils nur ein Bier – heute die Haxe!«

»Ach was, die kleine Haxe!«

60. Grund

Weil Lammfleisch als vegetarische Alternative durchgeht

Den Film *My Big Fat Greek Wedding* kennen Sie doch hoffentlich? Erinnern Sie sich an die Szene, in der die griechischstämmige Protagonistin ihrer Mutter zu verstehen gibt, ihr Verlobter sei Vegetarier? (Die Szene ist auf youtube gut zu finden)

»Ian is … a vegetarian … He doesn't eat meat.«

»He don't eat no meat …?! What do you mean, he don't eat no meat?!«

Die Situation droht aus dem Ruder zu laufen, aber die Mutter winkt ab und meint:

»That's ok, I made lamb. Come!«

Bevor Sie jetzt einwenden, dass sei doch eine amerikanische Sitcom und gewiss nicht die Realität: Nia Vardalos hat das Drehbuch geschrieben und spielt die Hauptrolle, ihr Mann heißt im richtigen Leben so wie im Film. Niemand, der eine Griechin heiratet, ehelicht *eine* Person, er heiratet einen ganzen Clan. Vegetarismus und die Zugehörigkeit zu einer anderen als der orthodoxen Kirche sind allerdings Ausschlusskriterien. Beides ist nicht vorgesehen, die Sache mit der Orthodoxie jedoch durch ein bisschen Weihwasser lösbar. Die orthodoxe Kirche ist nicht so orthodox, als dass man etwas von der Orthodoxie verstehen muss, um orthodox zu werden. Die Griechen selbst verstehen ja die Liturgie der orthodoxen Kirche kaum (vgl. Grund Nr. 71). Kein Fleisch zu essen bedeutet jedoch, nicht am Tischgeschehen teilhaben zu können – es ist sozusagen eine Selbstabsonderung, selbstgewählte kulinarische Einsamkeit, also das absolute Gegenteil zur meisterhaft zelebrierten griechischen Gastfreundschaft. Nein, Vegetariern droht in griechischen Familien und traditionellen Tavernen das harte Schicksal, nicht Teil der Gruppe zu sein und Einzelteller vorgesetzt zu bekommen.

Folgenden Versuch der Einordnung einer Touristin durch einen jüngeren Inselbewohner habe ich selber miterlebt:

Sie: »I am vegetarian!«

Er: »Ah, you are from Italy?!«

… ich wage zu bezweifeln, dass die beabsichtigte weitere Annäherung allzu fruchtbar verlief.

Fleisch ist aus der griechischen Küche und der des gesamten Balkans nicht wegzudenken, dank der jahrtausendealten Hirtentradition und der ganzjährigen Verfügbarkeit. Daher rührt auch die Vorliebe für das Tier im Ganzen. Ein schrankgroßer, elektrischer Drehspieß ist für den griechischen Haushalt das, was in Deutschland der Schnellkochtopf ist. Hat man einfach.

Inzwischen sieht man ausrangierte Exemplare, die in einer Ecke der Taverne auf bessere Tage warten oder in Vorratsschränke umgewandelt wurden. Das liegt nicht an ausbleibenden Gästen, sondern an der Ausdifferenzierung der Speisekarten. Früher nahm man Ziege, wenn es Ziege gab. Heute aber hat man die Wahl zwischen Bifteki, Sikoti, Stifado und Souvlaki. Der kluge Gast jedoch wählt nicht aus, der kluge Gast erfragt geschickt, was da ist, obwohl doch alles erhältlich ist: »Stamatia – was hast du denn auf dem Herd?« (zur Verhandlungsführung vgl. vorheriger Grund)

Zur nächsten Familienfeier aber drehen sich die Spieße bestimmt wieder, dann gibt es Lamm für alle – Vegetarier eingeschlossen, in Griechenland wird niemand ausgegrenzt!

Apropos, Vorliebe für das Tier im Ganzen: Im Görlitzer Park in Berlin wurde ich mal Zeuge einer Konfrontation zwischen einem guten Dutzend Griechen und der Polizei. Erstere hatten ein Loch ausgehoben und mit Kohle befüllt, darüber rotierte ein ganzes Lamm. Die Polizei verbat sich dies, die Griechen deuteten mit Vehemenz auf das Schild, auf dem »Grillplatz« stand.

61. Grund

Weil man kein Trinkgeld gibt, sondern es da lässt

In früheren Zeiten, also als es noch keine Menü-Karten samt Preisen gab, hat so ein Dorfwirt seinen auswärtigen Gästen, die noch eingangs besorgt nach dem ungefähren Preis fragten, etwas völlig Überhöhtes genannt – dass diese einwilligen mussten und gar nicht diskussionsfähig waren, liegt auf der Hand. Dann aber war regelmäßig darauf Verlass, dass der Wirt, von vorneherein gut bezahlt, das Seine dazu tat, die Gäste in Grund und Boden zu verköstigen und ein Vielfaches dessen aufzutischen, was diese unter normalen Umständen bezahlt hätten. Von »über's Ohr hauen« kann also keine Rede sein – lediglich von einem kleinen Preisdiktat. Und wenn ich behaupte, dass Stamatia schon einmal für mich über die Zeche hinwegsieht, dann stimmt das so auch nicht ganz. Wahr ist, dass ich häufig mit Gästen, die zuvor eine Weinprobe in der Ktima absolviert hatten, bei Stamatia in der Taverne einkehre. Selbstverständlich zahle ich meinen Anteil immer separat, schon alleine deswegen, weil Stamatia gegenüber mir eine ganz andere Preispolitik an den Tag legt – ich zahle zum Tageskurs.

Als ich wieder einmal mit Gästen in der Taverne war und die größere Runde recht früh weiter wollte, ich aber noch auf ein Bier blieb – hätte Stamatia denn wissen können, dass ich mich am Begleichen der Rechnung nicht beteiligte: »Stamatia, was bin ich schuldig?«

»Nur das Bier, das kannst du morgen zahlen …!«

»Ja und der Rest?«

»Ach … O je! Haben die anderen etwa für dich mitbezahlt? Oh, das tut mir leid, das wusste ich nicht …«

Σταματία σ'αγαπώ, πώς μπορείς να φαίνεσαι τόσο αθώα …

Die Rechnung kommt meist in einem Mäppchen, in das man die Geldscheine legt und auf das Wechselgeld wartet. Von diesem lässt man liegen, was einem beliebt. Das deutsche »Stimmt so!« funktioniert also nicht, zumal das Mäppchen auch dazu dient, dass der Betrag für Außenstehende unsichtbar bleibt. Denn meist zahlt eine Person und die anderen dürfen weder wissen, wie viel insgesamt noch welches Trinkgeld gegeben wird. Wenn sich ein ganzer Tisch über die Rechnung beugen will, um die griechischen Buchstaben sowie Kürzel zu entziffern und die einzelnen Positionen auseinander zu dividieren, dann ist das deren Problem und nicht Stamatias. Auch hier gilt: Seien Sie Grieche, nehmen Sie die Sache in Hand, indem Sie sich das Mäppchen schnappen und den Betrag einfach mal übernehmen! Und wenn es Ihnen geschmeckt hat, geben Sie Trinkgeld wie ein Grieche! Aufrunden ist Quatsch, ein echter Grieche, der einen guten Abend hatte, legt diskret einen zusätzlichen Zehner in besagtes Mäppchen! … oder wirft ihn scheinbar achtlos auf den Tisch.

Haben Sie schon mal beobachtet, wie Griechen zahlen: Sie schmeißen das Geld hin, weil Geld nichts ist. Mit Verachtung wird viel mehr auf den Tisch gelegt, als auf der Rechnung steht. Für die Küche ist das ein Lob. Es bedeutet, der Abend ist so gelungen, dass es um Scheine nicht gehen kann. Was ist schon Geld!?

62. Grund

Wegen ihrer Hände Arbeit

Die griechische Küche ist in dem Sinn eine Fülle, als dass sie sich stets dessen bedient, was saisonal verfügbar ist. Bei uns im Norden gilt Abwechslung als Norm und wir vergessen, dass wir im chinesischen und griechischen, im italienischen und im deutschen Gasthof Fleisch aus derselben Großschlachterei serviert bekommen. Saisonalität und Regionalität sind inzwischen zu Merkmalen der gehobenen Küche geworden. Beides ist in Griechenland noch Standard, Stamatia serviert Kräuter und Gemüse wann immer möglich aus dem eigenen Garten. Weil es ökonomischer ist und nahe liegt. Ökonomie ist auch ein griechisches Wort, es hat mit Profit nichts zu tun: *Nomos* ist das Gesetz, *Oikos* das Haus. Ökonomie läuft also auf Gesetzmäßigkeiten des Haushaltens, von Kosten-Nutzen-Rechnungen und Vorratswirtschaft hinaus. Das Geheimnis der griechischen Küche, das sich zugegebenermaßen nicht überall offenbart, ist die Verwendung weniger, aber hervorragender Zutaten, die gekonnt abgestimmt sind. Drei Beispiele.

1. Ich war bei Irene zu Gast, oben in Megalo, um mir ihren Gemüsegarten zeigen zu lassen (der ein Fest ist: dicke schwarze Maulbeeren tropfen auf üppige Gemüsebeete herab). Wie man das so macht, saßen wir erst kurz zu Tisch, und wie man das so macht, trug Irene eine Kleinigkeit zu essen auf. Feta mit Olivenöl und Oregano auf einem Tellerchen, zwei Gabeln dazu. Ich nahm ein Stück, der Käse schmolz im Mund, der Oregano stiftete die pfeffrige Note und das Öl mantelte alles blumig-sämig ein. Ich war von den Socken. »Ja …« sagte Irene, »… Käse und Öl sind hausgemacht – vom Oregano nur die mittleren Blätter, die passen zum Feta. Nicht die Blüten.« Irene war etwas verblüfft ob meiner Begeisterung für so etwas Alltägliches.

2. Im Winter kocht Stamatia eine Bohnensuppe mit einem Aromenprofil, das so viel Schichten hat wie eine antike Ausgrabungs-

stätte. Ich bin versessen darauf. Yannis sagt: »Haben wir immer so gegessen, in der Jugend. … im Winter, jeden Tag!« Deshalb wollte ich eines Tages wissen, wie das möglich ist, wie sie vorgeht. Ich habe versucht das zweitägige Prozedere schriftlich festzuhalten, bin jedoch an der Komplexität gescheitert. Es beinhaltet mehrmaliges Waschen der Bohnen, Wasser wechseln, auf dem Herd ansetzen, wieder vom Feuer nehmen, frische Zutaten dazu – bis am Ende eine hundsgewöhnliche, gemein monochrome Bohnensuppe daraus wird, die ein Gedicht ist. Warum sie das so mache, wollte ich wissen. Stamatia: »Weiß auch nicht. Hat meine Mutter immer so gemacht, nie anders.«

3. Ich, stolz wie Oskar, hatte gerade sieben oder acht Bündel selbst geschnittenen Oregano zum Trocken aufgehängt. Im Schatten unter dem Vordach der Apothiki. Kommt Yannis des Weges, ungemein dicke Bündel fetten Oreganos unter dem Arm, gegenüber welchen die meinen schwindsüchtig wirken. Ob wir noch Platz haben, bei ihm gäbe es keinen Schatten. Haben wir, sage ich und rücke meine bescheidene Ausbeute zusammen. Wo er denn diesen prachtvollen Oregano herhabe? »Jahaa …«, erwidert Yannis, »da musst du oben gehen, wo der Farn ist. Der Farn schützt den Oregano, dann wächst er so.« Den Ort habe ich gesucht, aber nie gefunden. Viel zu heiß für mich, da lange rumzustreunen.

Das ist es, was ich meine, wenn ich schreibe, das ländliche Griechenland sieche dahin. Es ist eine Form der Tätigkeit, die bald nicht mehr sein wird. Die davon lebt, dass in Kenntnis der Rhythmen, der Jahreszeiten und der alten Rezepte sehr viel Zeit in die Hand genommen wird, bis etwas auf den Tisch kommt. Dies gilt nicht nur in der Küche, dies gilt auch für Ziegenstall und Käserei. Sie ist aufwändig, diese Arbeit, schlecht oder unbezahlt und dennoch fordernd. Sobald sie stirbt, werden wir ihre Früchte nicht mehr genießen können. Man wird uns einen schlechten Schatten von dem servieren, was einst als gut galt. Oder sagen wir als normal, denn Stamatia zuckt mein Lob mit der linken Schulter weg. Insgeheim aber gefällt ihr, dass mir gefällt, was sie so zaubert.

63. Grund

Weil man mit Salz vom Winzer zum Weinarchäologen wird

»Salz!« ruft Alex unvermittelt aus.

»Was, Salz?«

»Salz ist das Agens der griechischen Küche.«

»Wie meinst du?«

»Naja, in Russland ist es das Fermentieren, in Deutschland das Einmachen und Versaften, in Griechenland das Salz.«

Das Problem der Fülle ist ihre Plötzlichkeit, jede Region, jede Insel hat ihre Methoden und Rezepte, damit umzugehen, die Früchte der Natur verfügbar zu halten. Das ist der Reichtum und ja, in Griechenland ist es das Salz.

Weinbau auf Thasos hat Jahrtausende Tradition, die Voraussetzung für den Anbau stiftete die Terrassenkultur der Phönizier, die samt Bewässerungssytemen vor etwa 3.000 Jahren auf Thasos und auch in Kazaviti eingeführt wurde. Heute allerdings macht kaum noch jemand Wein, und wenn überhaupt, dann für den privaten Genuss. Es brauchte einen deutschen Winzer, einen Auswanderer, um einige der alten Terrassen von Kazaviti zu rekultivieren und neue Anlagen an die Berghänge zu bauen.

Die Idee mit dem Salz hatte ihn schon länger verfolgt: »Warum es nicht mit Weintrauben versuchen, so wie in der Antike?« Das Meerwasser würde wie ein mikrobiologischer Schutz wirken, der Wasserdruck zu osmotischem Austausch führen: Jahre ist es her, dass Alex im Museum der Inselhauptstadt auf alte Weinbautechniken gestoßen ist. Wein unter Wasser vormazerieren, also die Traubenhäute in salzigem Milieu aufweichen und die Enzyme arbeiten lassen, dies ist eine dieser antiken Techniken, bei denen dem Salz eine tragende Rolle zukommt: als *Methode von Chios* ist sie aktenkundig.

Auch auf Thasos waren während des ersten Sommers der Pandemie die Touristen ausgeblieben, plötzlich hatte jeder Zeit, selbst Ende August, wenn normalerweise Hochsaison ist. Sogar die Sporttaucher aus Skala Prinos hatten Zeit.

Als alles stillstand, war die Umsetzung auf einmal möglich. Alex stellte Berechnungen an und ließ traditionelle Flechtkörbe anfertigen. Das Lesegut wurde in Jute eingeschlagen, kam in die Körbe und die Sporttaucher brachten diese hinaus, in das Meer. Neun Tage später wurden die Körbe wieder hochgeholt, die unversehrten Trauben entrappt, gepresst und auf der Maische in Tonamphoren (*Kioupis*) vergoren: Wein aus dem Meer!

Ein halbes Jahr später, nun auf Flaschen gezogen, leuchtet das Resultat purpurrot – wie ein satter Spätburgunder. Das Salz ist deutlich schmeckbar, ummantelt die Geschmacksknospen wie Bouillon, macht dann aber den Fruchtaromen sowie der Frische und der Säure Platz, trägt diese. Experiment geglückt: Wein wie vor 2.000 Jahren. Alex ist kein Winzer mehr, sondern ein Weinarchäologe. So schnell kann das gehen in Griechenland.

64. Grund

Weil dich die Taverne mütterlich umsorgt

»Jörg, Brot auf Alpha!«, ruft Alexandra. »Wird gemacht!«, rufe ich zurück. »Auf Beta fehlt Essig und Öl!«, wirft David mir im Vorbeigehen zu. »Ist unterwegs!«, sage ich. »Jemand müsse sich endlich um Gamma kümmern«, sagt Dimitris. »Geht klar!«, sage ich. Alpha, Beta, Gamma: So heißen die verschiedenen Sitzreihen in Alexandras Taverne in Limenas auf Thasos. Es ist neun Uhr abends, die Gaststätte hat über hundert Plätze, und alle sind besetzt. Ich spreche kaum Griechisch, und mit griechischen Tavernen kenne ich mich nicht wirklich aus – also als Gast wüsste ich natürlich was zu tun wäre, aber heute bin ich einer der Kellner. Während der Saison an neue Arbeitskräfte zu kommen, das ist – zumindest auf einer Insel – schwierig bis unmöglich. Vom Koch bis zum Service wird das Personal für die Sommermonate auf die Insel geholt und ein Pauschalpreis verhandelt – pauschal in dem Sinne, als dass man in den unergiebigen Monaten genauso wenig bekommt wie in den Wochen der Hochsaison (*Sygnomi*, aber hier von »viel« zu schreiben, wäre sachlich falsch!). Wenn jemand ausfällt, also Fahnenflucht begeht oder abgeworben wird, was beides durchaus vorkommt, muss man nehmen, was da ist – unter Umständen sogar einen Deutschen. Alexandra kenne ich noch von letztem Jahr, sie spricht Deutsch und weiß, dass ich Gastronomieerfahrung habe. Zwei Tage zuvor hatte sie mich in Kazaviti angerufen: »Jörg, kannst du ab morgen arbeiten?« Die Lese war noch gut zwei Wochen hin, die Vorbereitungen waren abgeschlossen, ich war entbehrlich. Wo ich denn unterkäme, wollte ich wissen, und Alexandra antwortete: »Ich habe ein Zimmer für dich!« Es wurden betriebsame zwei Wochen.

Von Kazaviti nach Limenas sind es lediglich 20 Kilometer – und doch geht es hinunter in eine andere Welt. Oben in den Bergdörfern leben bäuerliche Gemeinschaften, unten an der Küstenlinie stehen die Hotels. Dort gibt es die langen Strände, die samt den Beachbars von Vertretern einer Spezies frequentiert werden, die im Bergland selten ist oder nur für den Abend hinauf findet: Touristen. Die Hafenstadt Limenas liegt im Norden der Insel und ist das Zentrum des touristischen Geschehens. Im sieben- bis vierzehntägigen Rhythmus setzen die Touristen von Keramoti aus über, bevölkern den Hafenkai, kaufen Souvenirs und begeben sich des Abends herdengleich auf die Suche nach Nahrung. Die Touristen sind Alexandras Klientel, wenngleich ihre Taverne nicht zu den einschlägigen Touristenfallen gehört – denn täglich gibt es Livemusik und damit auch einen Anreiz für die Einheimischen hier einzukehren. Ihr Mann, Dimitris, ist eingesprungen, weil einer der Köche gekündigt hat, jetzt steht er tagtäglich am Grill. Die beiden Töchter, Nelly und Niky, helfen aus, so gut sie können (und solange es ihnen passt).

Eine Kollegin hat Hüftprobleme, sie kann sich kaum mehr bewegen: Sie liest jetzt nur noch am Tresen die Bestellungen, zapft den Wein und befüllt die Tabletts. Diese an die Tische zu bringen, das ist ab sofort meine Aufgabe.

Mein Kollege David stammt aus Athen und wünscht sich nichts sehnlicher, als dorthin zurückzukehren. Wenn er die Insel im Anschluss an drei Monate Arbeit verlässt, wird er 3.000 Euro in der Tasche haben. Viel ist das gemessen am Einsatz nicht: David steht an sieben Tagen die Woche vormittags auf und richtet die Taverne her, schrubbt die Böden, putzt die Toilette und deckt die Tische ein. Anschließend legt er sich für zwei Stunden hin, um gegen vier Uhr mit dem Service zu beginnen. Ich stoße um sechs dazu, gemeinsam versorgen wir bis etwa halb zwölf die Gäste, dann geht es ans Abräumen und Saubermachen. Fertig sind wir gegen halb drei. Die letzte Tätigkeit des Tages ist das Auffüllen der Olivenölkännchen »Aber nur zu einem Drittel ...«, sagt Alexandra, »... sonst nimmt jeder zu viel.« Ich weiß, dass sie recht hat, aber nachts um zwei wünsche ich mir, zumindest dieser Arbeitsschritt würde entfallen. Denn automatisch werden die Kännchen fettig und müssen noch abgewischt werden. All das dauert. Und man bezahlt mich nicht pro Stunde sondern pro Schicht, alle paar Tage und in bar.

David ist Mitte zwanzig, hat in Athen Tourismus und Management studiert, außer Saisonarbeit gibt es jedoch kaum Positionen, auf die er sich bewerben könnte. Er berichtet, dass die Vergütung bei Alexandra vergleichsweise hoch sei: In ruhigeren Läden, den Cafés von Limenas beispielsweise, würde teilweise nur die Hälfte von dem bezahlt werden, was er bekomme. Die Jugendarbeitslosigkeit liegt in Griechenland unverändert bei 40 Prozent. Es geht nicht darum, welchen Job man findet, sondern dass man überhaupt einen hat. Allerdings kommt man während der Saisonarbeit auf einer griechischen Insel auch nicht dazu, sein schwer verdientes Geld auszugeben. Eine griechische Taverne umsorgt dich wie eine Mutter: Dort wird man verpflegt, das Bier vor und nach der Schicht ist umsonst, und sobald der Abend ausklingt, ruft Dimitris von der Grillstation: »Jörg, was willst du essen?« »Sardinen!«, ich nehme immer die Sardinen, wenn es welche gibt.

Die Unterkunft wird gestellt und ist Teil des Deals: Die Saisonarbeiter wohnen dort, wo man Touristen nicht einquartieren möchte. Ich hause mit David zusammen im Erdgeschoss eines ausgemusterten Touristenkomplexes. Links steht ein Bett, rechts steht ein Bett, zwei Schränke, eine Kochgelegenheit, eine Dusche. Der Ventilator ist schon Luxus, er surrt tagaus und tagein. »Wie die Flüchtlinge«, sagt David. »Wie die Gastarbeiter«, sage ich.

Am Morgen nach meinem ersten Arbeitstag wache ich um elf von Davids Wecker auf, meine Glieder sind bleischwer, und ich fühle mich, als hätte man mich auf dem Nachhauseweg verdroschen. Ich bin zu nichts in der Lage, die Stunden bis Schichtbeginn verbringe ich in einem Café etwas abseits der Hafenpromenade, dort ist der doppelte Espresso ebenso gut wie günstig, anschließend gehe ich schwimmen – noch eine Pita Gyros und schon geht es wieder los. Drei Bücher hatte ich mir in dem Glauben mitgenommen, ich käme dazu, sie zu lesen. Nicht eine Seite habe ich geschafft.

In der heißen Nachmittagssonne (sechs Uhr *ist* nachmittags) kommen nur wenige Gäste, die Schichten beginnen gemächlich, obwohl immer etwas zu tun ist: das Menü reichen (in dem absolut dasselbe steht wie in den Karten aller anderen Tavernen auch), Wasser und Brot an die Tische bringen, erste Getränke servieren.

Nachdem die Sonne über dem Hafen untergegangen ist, wird es etwas kühler und der eigentliche Ansturm beginnt. Gegen neun sind alle Plätze besetzt, die Küche steht unter Volldampf, und wir sind am Rennen. Ich kümmere mich um die Getränke, nehme Nachbestellungen auf und checke, ob alles am Tisch ist. David schaufelt im Akkord Teller auf die Tische.

Sehr lustig wird es, wenn deutsche Gäste ihr griechisches Vokabular an mir ausprobieren – ich gebe dann jeweils zu, und das ist nicht einmal gelogen, lange in Bayern gelebt zu haben. An die deutschen Tische muss ich vor allem, um Nachfragen zu beantworten:

»Ist der Oktopus denn frisch?«

Im besten mir möglichen griechischen Akzent und mit einer angedeuteten Entrüstung antworte ich: »Aber natühlich! Sselbsferständlich!« … und denke: »Leute! Es ist Ende August, die Oktopoden haben sich nach draußen ins tiefe Wasser zurückgezogen, dahin wo es kühl ist, die werden jetzt nicht gefischt.«

Ich habe Spaß mit den deutschen Tischen, die griechisch-besetzten Tische haben Spaß mit mir, ich bin eine Attraktion und weil es so gut klappt, muss ich gleich mehrfach Brot nachliefern. Und ich erlebe etwas, von dem ich immer dachte, es wäre eine Legende: »Jörg, mach mal einen halben Liter Rosé!« Also gehe ich hinter den Tresen und »mache« einen halben Liter Rosé – die Kunst besteht darin, nur etwa 20-30 % Rotwein zu verwenden.

Nach meiner zweiten Schicht kann ich kaum noch laufen. Dimitris sieht mich in Richtung Küche humpeln und ruft: »Jörg, der zweite Tag ist der schlimmste! Ab morgen geht alles von allein!« Und wirklich: Schon der dritte Tag läuft besser, bereits am vierten habe ich mich an alles gewöhnt, am fünften will ich es genau wissen und schalte das GPS ein. Mit krassem Resultat – zwischen 18 und 24 Uhr sind wir zwischen Küche und Terrasse, zwischen Straße und Stehtischen sage und schreibe 18 Kilometer unterwegs. Ungläubig blicke ich auf die Zahl, die der Höhenmesser anzeigt: Wir haben innerhalb von sechs Stunden Service 1.000 Meter Höhenunterschied überbrückt. Ab sofort gehe ich jede Schicht wie eine Bergwanderung an, langsam und kräfteschonend. Was ich lerne, ist die Ökonomie der Bewegungen, etwas, dass ich schon bei Stamatia wahrgenommen habe, die ja vom Morgengrauen bis in die Nacht am Arbeiten ist: Schnell bist du nur, wenn du ausschließlich die notwendigen Bewegungen ausführst, diese aber präzise und langsam. Dann und nur dann gibt eine der anderen die Hand, du fließt geschmeidig durch den Abend – aber ohne zu schwitzen.

Trotzdem war ich nach zwei Wochen froh, zurück in den Weinberg gehen zu können. Zwar hat sich der Körper angepasst, ähnlich wie auf einem Weitwanderweg. Doch unweigerlich wird die Psyche in Mitleidenschaft gezogen, für ein Privatleben bleibt keine Zeit – für Lektüre oder um etwas zu schreiben, fehlt der Nerv. Immerhin muss ich meinen Mann in der Taverne gestanden haben, denn Alexandra konstatiert: »Für nächstes Jahr hast du den Job.« Dimitris ruft von der Grillstation: »Jörg, für dich ist immer eine Tür offen in meiner Familie!« Beide werden in wenigen Wochen nach Thessaloniki zurückkehren. Dimitris ist eigentlich Anwalt, die Geschäfte warten. Und Alexandra führte, bevor die Krise ausbrach und kein Geld mehr da war, eine Musikschule. Zu Tavernenbetreibern auf Thasos sind sie nur aus der Not geworden. Das Angebot ehrt mich, ich weiß jedoch nicht, ob ich das will, geschweige denn durchstehen würde, eine ganze Saison lang auf Thasos zu kellnern. Freie Tage oder ein Wochenende sind ja nicht vorgesehen. Wer ausschlafen möchte oder seinen Hobbys frönen will, der kann das außerhalb der Saison tun. Während seiner drei Monate in Limenas war David genau zweimal baden. Bald ist er wieder in Athen, denn die zweite Jahreshälfte, die Nicht-Saison, beginnt auf Thasos bereits Ende September, sobald die Touristen die Insel verlassen. Doch nicht alle Tavernen schließen, nicht die von Stamatia oben in Kazaviti …

65. Grund

Weil die Griechen große Skeptiker sind (und Tänzer!)

Leichtigkeit ist nur vordergründig eine griechische Tugend. Die Dinge leicht zu nehmen, bedeutet in Hellas lediglich, man ist zu den Schwierigkeiten noch gar nicht vorgestoßen, im schlimmsten Fall gar nicht gefasst auf all die Unbill, die sich sicherlich noch einstellt.

Deshalb behilft man sich in jeder Lebenslage mit einer gesunden Portion Skepsis. Das Wetter ist gut? »Wer weiß ob das hält!«, könnte ja Wind aufkommen, könnte sogar Sturm geben – bestimmt braut sich am Festland irgendwo ein Orkan zusammen. Dem Festland und denen in Athen ist ja alles zuzutrauen! Alles geht schwanger mit seinem Gegenteil und die Dinge können jederzeit umschlagen. Onkelchen erfreut sich bester Gesundheit, läuft sogar täglich die Strecke zwischen Mikro und Megalo.

»Ja, noch!«

Die Touristen kommen wieder, die Taverne ist gut gefüllt, alle haben, nachdem die vorherige Saison ausgefallen war, einen Riesenappetit mitgebracht und die Rechnungen fallen üppig aus.

»Das ist ganz schnell wieder vorbei!«

Die Griechen sind ganz große Skeptiker, nichts hat vor ihren Augen Bestand, alles wandelt sich und Wasser hat keine Balken. Nichts und niemand ist vor ihrer Skepsis gefeit, am allerwenigsten sie selbst und ihre eigenen Pläne, Ambitionen, Träume. Am liebsten hätte man genau die Sicherheit, die die Deutschen auch brauchen, um überhaupt zu agieren. Nur im Gegensatz zu den Deutschen weiß man in Griechenland, dass jede Sicherheit nur eine scheinbare sein kann. Eine sichere Sicherheit gibt es nicht. Die Leichtigkeit, die wir den Griechen andichten, die angeblich mediterrane Sorglosigkeit ist etwas ganz anderes. Alexis Sorbas tanzt trotzdem: Es ist die Fähigkeit, jederzeit, an jedem Ort, aus dem geringsten Anlass, aus dem Kosmos der Sorgen herauszutreten und das Leben zu feiern: mit einem Lied, einem Tsipouro, einem Lachen oder einem Gespräch. Bei Alexandra in Limenas fliegen jeden Abend die Teller, jeden Abend bricht irgendwann das Fest aus und es wird getanzt. Das ist so. Und das passiert nicht wegen den Touristen, es entsteht von selbst. Es ist die logische Folge von Speis', Trank, Gesellschaft und Musik. Es gibt diesen griechischen Schmelzpunkt, an dem sich der Aggregatzustand ändert, die Arme nach oben fliegen und die Erdanziehungskräfte ausfallen. Keine Bewegung dient dabei dem Effekt, alles passiert um des unmittelbaren Ausdrucks willen – die Griechen tanzen nicht einfach, sie kommunizieren mit ihren Göttern.

Am besten lässt sich dies anhand der griechischen Musik nachvollziehen – ich meine jetzt nicht die supertraditionellen Sachen, sondern so etwas wie Pantelis Pantelidis oder Eleftheria Arvanitaki. Das ist Pathos, das sind Getragenheit und widersprüchliche Gefühle häufig innerhalb ein- und desselben Songs – bis hin zu diesem Hinausgleiten, dem sich Aufschwingen, sei es in die Liebe, den Schmerz oder die Sehnsucht.

Der deutsche Schlager geht oftmals ins Leere, weil er Gefühle nur behauptet. Er ist unecht. Schauen sie doch mal auf Youtube nach Haris Alexious »xartátai« (Χάρις Αλεξίου: ξαρτάται) – das ist 80er-Jahre-Pop samt obligatorischem Gitarrensolo. Man weiß null, worum es geht, trotzdem geht es mit einem durch: Weil alles stimmt, es ist echt und daher – was für ein Geschenk – nachfühlbar!

66. Grund

Weil alle Wege in die Taverne führen

Jede Taverne, also jede richtige Taverne, liegt am Ende der Welt. Am Ende eines Tages steht einzig und allein die Taverne und dahinter ist nichts mehr, nur noch das Bett. Alle Wege, auch die ornamentalen, führen letztlich zu ihr. Wer nur zum Essen kommt, der hat die Taverne nicht verstanden, wer geht und den Namen des Wirts nicht kennt, der war nicht sein Gast. Wer noch keine Taverne hat, der ist noch unterwegs.

Kapitel 6

Szenen einer Fernbeziehung

67. Grund

Weil der Balkan dort endet, wo Griechenland anfängt

Wenn heute vom »Balkan« die Rede ist, dann ist Griechenland meist *nicht* mitgemeint: Die Republik Hellas scheint nicht unmittelbar der Balkanhalbinsel anzugehören, dessen großflächige Spitze sie doch bildet. Der Balkan besteht aus Bulgarien, Albanien, Nordmazedonien, Bosnien und Herzegowina, Serbien, Montenegro und dem Kosovo, auch Rumänien, Slowenien, Kroatien liegen zumindest teilweise auf dem Balkan. Wobei die Grenzen etwas unscharf gezogen sind: Der Begriff »Balkan« scheint eher ein kultureller, weniger ein geografischer zu sein und ist nicht immer positiv konnotiert. Chaos, Misswirtschaft, Rückständigkeit, Gewalt und Korruption sind nur die gängigsten Vorbehalte. Vielleicht aus Sympathie, aus einer jahrhundertealten Laune und Zugewandtheit heraus, vielleicht weil Griechenland als einziges Land der Region nach dem zweiten Weltkrieg nicht kommunistisch wurde, wird das Land vom Balkan ausgeklammert und ihm eine Sonderstellung zugebilligt – die nicht minder auf Vorurteilen beruht. Auf dem Balkan außerhalb des Balkans zu stehen, das ist eine Position mit der sich viele Griechen identifizieren können. Widersprüche hält die griechische Seele nicht nur aus, sie nährt sich davon.

Die kulturelle Kluft, die zwischen Mittel-, Nord- und Westeuropa sowie dem Balkan besteht, entspringt der jahrhundertelangen türkisch-osmanischen Vorherrschaft auf der Halbinsel – beginnend mit dem Fall Konstantinopels 1453 – der griechisch geprägten Hauptstadt von Byzanz. Das Oströmische Reich war zu diesem Zeitpunkt bereits zum Stadtstaat geschrumpft und die Konstantinopeler Griechen bezeichneten sich keineswegs als Hellenen, sondern als Römer: *Rhomaioi*. Für 400 Jahre fällt fast der gesamte Balkan und damit auch die meisten Teile des heutigen Griechenlands an das Osmanische

Reich – große europäische Entwicklungen wie die Reformation, die Französische Revolution und die Aufklärung ziehen an der Halbinsel weitgehend vorbei. Das vom Osmanischen Reich installierte Steuer- und Vasallensystem schreibt außerhalb der Städte und Handelsstützpunkte feudale Herrschaftsstrukturen fest und sorgt so jahrhundertelang für die tendenzielle Rückständigkeit einer ganzen Region.

Um 1800 herum herrscht zum Beispiel über große Teile Nordgriechenlands ein ehemaliger Räuberhäuptling, Ali Pascha von Janina – vom Sultan eingesetzt und diesem tributpflichtig. Das ist der, den Lord Byron 1809 ein paar Tage lang besucht und anschließend in *Childe Harold's Pilgrimage* besingt. Im Epos wird nicht erwähnt, dass griechische Bauernfamilien auf dem Weg zwischen Tepelena und Ioannina gewaltsam vertrieben wurden, nur um Byron einzuquartieren. Während in anderen Teilen Europas die Blüte des aufgeklärten Bürgertums beginnt, gibt es in Epirus, also Ali Paschas Herrschaftsbereich, noch nicht einmal Schulen. Um die zahlreichen Trutzburgen Ali Paschas zu errichten oder in Stand zu halten, werden die Bauern, albanische und griechische, vom Feld geholt. Das Osmanische Reich ist zudem einer Technik, die im Rest Europas für Furore sorgt, nicht zugetan und lässt sie sogar 400 Jahre lang weitgehend verbieten: den Buchdruck. Die ersten Bücher auf Griechisch wurden daher nicht in Konstantinopel sondern in Florenz gedruckt.

Der Fall Konstantinopels, die »Entdeckung« Amerikas und die Renaissance gelten als Beginn der Moderne – also als Startpunkt jenes Aufbruchs, der den Balkan nicht erfasst. Gleichwohl sind die Griechen nicht nur mit dabei, sondern prägen die europäische Moderne maßgeblich und grundlegend. Heute verbindet man mit dem Begriff der Renaissance (Wiedergeburt) Städte wie Florenz, Künstler wie Michelangelo und Leonardo da Vinci sowie den ganzen Humanismus – also jene Strömung, die laut Lexikon »durch literarische, philologische und wissenschaftliche Neuentdeckung und Wiedererweckung der antiken Kultur, ihrer Sprachen, ihrer Kunst und Geisteshaltung gekennzeichnet ist.«

Die antiken Griechen sind sozusagen Hebammen der europäischen Moderne, des Begriffs vom Individuum, der Wissenschaften und der Philosophie: Das Licht der Aufklärung wird von Aristoteles, Platon und Sokrates entzündet, bzw. dadurch, dass diese gelesen und bewundert werden. Hier liegt der Ursprung für die anhaltende Liebe zu Griechenland – nicht für das reale, sondern für das ideale Griechenland.

68. Grund

Weil man sich als Griechenland-Liebhaber in prominenter Gesellschaft befindet

Es sind neben den geistigen und kulturellen Errungenschaften auch die Bauten und Büsten, die Proportionen und Profile, in denen man in Europa so viel Perfektion erkennt, dass deren Nachahmung als Maß aller Dinge gilt. Noch im 18. Jahrhundert wird der Klassizismus geboren. In Frankreich und Italien bezieht man sich mit Vorliebe auf das alte Rom, in Deutschland jedoch auf Griechenland. Das hat vor allem mit einem Mann zu tun: Johann Joachim Winckelmann, ein Schustersohn aus Stendal, der klassische (!) Bildung erfährt und Altgriechisch lernt. Mit dessen Formel »edle Einfalt, stille Größe« ist ganz gut zusammengefasst, was ihn und seine Zeitgenossen so in den Bann schlägt: die Klarheit, Reinheit und Ausgewogenheit griechischer Kunst, die Harmonie von Körper und Geist – im vorliegenden Fall jene der Laokoon-Gruppe. Die Marmorplastik stammt vermutlich von rhodischen Bildhauern sowie aus dem ersten Jahrhundert und hat einen griechischen Mythos zum Gegenstand. Wir müssen uns jedoch vergegenwärtigen, dass die antiken griechischen (wie auch die römischen) Marmorplastiken sämtlich bunt ausgestaltet, also bemalt waren – aber das weiß man erst seit Kurzem. Winckelmann und seine ganze Epoche irren also, wenn sie der griechischen

Antike unterstellen, weißen Marmor gewählt zu haben, weil dieser »die mehresten Lichtstrahlen zurückschicket, folglich sich empfindlicher machet: so wird auch ein schöner Körper desto schöner sein, je weißer er ist«, wie Winckelmann in einer Abhandlung behauptet. Auch dass Michelangelo in Nachahmung der Antike blitzweiße Körper aus dem Marmor haut, beruht auf demselben Missverständnis. Kurz: Das Schönheitsideal von Renaissance und Klassizismus stellt eine zeitgenössische Interpretation dar, aber keinen historisch wasserdichten Rückbezug auf die alten Griechen. Und doch macht sich die geistig-literarische Welt und jene der Architektur (z. B. das Panthéon in Paris, 1790 vollendet) die alten Griechen vorbehaltlos zu eigen, Goethe schwärmt: »Unter allen Völkerschaften haben die Griechen den Traum des Lebens am schönsten geträumt.« Schiller schmäht die schnöde Gegenwart und beklagt den Verlust der Antike: »Schöne Welt, wo bist du? – Kehre wieder / Holdes Blütenalter der Natur! / Ach! nur in dem Feenland der Lieder / Lebt noch deine goldne Spur.« Und Hölderlin, den es laut dem Gedicht *Griechenland* »ins ferne Land hinüber« zieht, legt überdies seinem Hyperion in den Mund: »Ich liebe dies Griechenland überall. Es trägt die Farbe meines Herzens.«

Keiner der drei deutschen Dichter war je in Griechenland, auch der Gelehrte Winckelmann nicht. Italien und damit Rom liegen als Studienobjekt und Reiseziel wesentlich näher, Griechenland liegt fern und bleibt aufgrund der osmanischen Herrschaft weitgehend verschlossen. Wie schon erwähnt stattet ein gewisser Lord Byron 1809 Nordgriechenland dennoch einen Besuch ab und landet von Ioannina aus am Hof von Ali Pascha, einem Statthalter des Sultans, in Tepelena. In Bewegung geraten die Dinge erst, als 1821 Aufstände der orthodox-griechischen Bevölkerungsteile gegen die osmanische Herrschaft ausbrechen. Auf einmal betreten leibhaftige Griechen die Bühne der modernen Welt.

Weil die »griechische Wiedergeburt« von 1821 weltweit gefeiert wurde und zur Unabhängigkeit führte

Der griechische Klerus und die Oberschicht genossen durchaus Privilegien innerhalb des Osmanischen Reiches. Überhaupt galt das Augenmerk der Hohen Pforte mehr dem Handel und den Steuereinnahmen, Religionszugehörigkeit spielte eine viel geringere Rolle als Loyalität. Istanbul um 1800 muss man sich als Metropole vieler Völker und verschiedener Religionen vorstellen: Türken, Armenier, Rumänen, Albaner und Griechen – Juden, orthodoxe Christen, Muslime. Ähnlich verhielt es sich zu dieser Zeit mit den großen griechisch geprägten Städten Saloniki und Smyrna (das heutige Izmir). Insbesondere die Konstantinopeler Griechen (die sogenannten Phanarioten, nach dem Stadtteil *Phanari*, heute *Fener*) profitierten von der Nähe zur Hohen Pforte, bekleideten hohe Ämter in der osmanischen Verwaltung und übten gegenüber der christlichen Landbevölkerung Steuerrechte aus. Orthodoxe Religionsausübung war weder verboten noch wurde sie unterdrückt, eher im Gegenteil: Auch der orthodoxe Klerus zeichnete sich durch seine Nähe zur Macht aus. Meist sind es Griechen, die in diplomatischen Angelegenheiten als Dolmetscher und Übersetzer fungieren und sich so Privilegien sichern. Noch heute erzählt das griechische Gymnasium in Fener, bekannt als *Das Rote Schloss*, von dieser herausgehobenen Position der Phanarioten. Es ist noch immer in Betrieb, muss aber (zusätzlich zu den griechischen Fächern) nach türkischem Lehrplan unterrichten – Erdogans Türkei ist in dieser Hinsicht nicht so liberal aufgestellt wie seinerzeit der Sultan und die Hohe Pforte.

Geplant und getragen wird der Aufstand von 1821 von der gebildeten Mittelschicht, von Lehrern, Kaufleuten und dem niederen Klerus – es ist ein Aufstand liberaler, ja weltläufiger Kräfte gegen die feudalen Strukturen der türkischen Oberherrschaft. Diese Allianz baut auf den Unmut der Landbevölkerung, die auch unter der Selbstbereicherung der Phanarioten leidet, nicht nur unter der osmanischen Steuerlast. Der Geheimbund *Filiki Eteria* (etwa »Bund der Freunde«) versammelt zusätzlich dazu Auslandsgriechen, die etwa in Odessa jenseits des osmanischen Herrschaftsgebietes leben – in der Diaspora ist das Nationalbewusstsein schon ausgeprägter. Das erklärte Ziel ist die Errichtung einer griechischen Republik, das gewählte Mittel der bewaffnete Aufstand. Der 25. März 1821 markiert dessen Beginn und ist bis heute griechischer Nationalfeiertag: An mehreren Orten wird gleichzeitig losgeschlagen, in Konstantinopel, das weiterhin als das griechische Zentrum schlechthin gilt, ebenso wie auf der Peloponnes bei Kalavryta. Dort gibt ein orthodoxer Priester das Signal zum Aufstand und nur dort verläuft die Aktion dank des großen Rückhalts in der griechischsprachigen Bevölkerung erfolgreich: Türkische Siedlungen werden eingenommen, die muslimische Bevölkerung vertrieben. Mit Rückhalt in der griechischen Bevölkerung sind vor allem die sogenannten Klephten gemeint: Banden, die in den Bergen in Kleingruppen zusammen leben und sich so der türkischen Gerichtsbarkeit entziehen – also Räuber, die nur wenig mit antiken Helden gemein haben. Die Klephten (auch Kleften geschrieben) hatten schon 1770 einen ersten Aufstand gewagt und waren aufgrund von Mobilität und Partisanentaktik ungeschlagen geblieben.

Kurze kulinarische Abschweifung: Den Klephten verdanken wir den *Kleftiko*, den Lammschmortopf nach Räuberart. Der Name impliziert nicht, dass das Lamm gestohlen wurde, wenngleich das wahrscheinlich ist, sondern die Koch-Methode: Das Fleisch wurde ursprünglich mit Gemüse und Aromaten eingewickelt und zusammen mit erhitzten Steinen in einer Grube versenkt, um dort stundenlang vor sich hinzuschmoren. Das Ziel war nicht primär die butterweiche Konsistenz, sondern dass kein Rauch aufstieg, der die Klephten an die türkischen Verfolger verraten hätte. Heute muss man für ein ähnliches Resultat nicht mehr umständlich graben, es reicht, einen Topf über Stunden köcheln zu lassen. Kleptomanie geht natürlich auch auf die Klephten zurück – genauso wie die Kleptokratie, zu der es jedoch damals gar nicht kam, wie wir gleich sehen werden.

Fast die ganze Welt schaut ab 1821 gebannt und inspiriert auf Griechenland. Im europäischen Ausland wird die Erhebung als »Griechische Wiedergeburt« gefeiert und unterstützt – nicht nur verbal, sondern ganz praktisch: ungefähr 250 Deutsche landen in der Folge auf der Peloponnes und schließen sich den Aufständischen an, knapp 3.000 Ausländer sollen es insgesamt gewesen sein (andere Quellen sprechen von 1.000). Auch Lord Byron ist wieder mit von der Partie – er erliegt allerdings 1824 während der Belagerung von Mesalongi ganz unheroisch einem Malariaanfall. Mesalongi wird schließlich aufgegeben und die griechischen Verteidiger versuchen, durch die osmanischen Stellungen zu kommen und werden niedergemetzelt. Das Massaker von Mesalongi gilt als Wendepunkt, denn jetzt greifen die europäischen Großmächte Großbritannien, Frankreich und Russland militärisch ein. Die Seeschlacht von Navarino im Oktober 1827 (Pylos, an der Südwestküste der Peloponnes) besiegelt die osmanische Niederlage, 1828 rücken russische Soldaten in das Osmanische Reich vor, der Sultan kapituliert und stimmt einem Waffenstillstand zu. Die Grenzen werden neu gezogen und im Londoner Protokoll von 1830 wird die Bildung eines griechischen Staates beschlossen, welcher allerdings weit kleiner ausfällt als die heutige Republik Hellas – ohne Kreta, Makedonien, Thessalien und Thrakien (alle weiterhin osmanisch), sowie ohne die Ionischen Inseln (bis 1797 venezianisch, dann kurz französisch, ab 1809 britisch). Nur etwa jeder dritte Grieche lebt hinfort in diesem neuen Griechenland.

Wegen dem Ypsilon in »Bayern«

Auch der König von Bayern zählte sich ausdrücklich zu den Philhellenen, den Unterstützern und Freunden des griechischen Unabhängigkeitskampfes. Als Monarch war Ludwig I. (1786-1868) ein bisschen potenter unterwegs als all die Dichter und Denker, deren Ausdruck lediglich das Wort ist. Gewissermaßen führte der Wittelsbacher Goethes ästhetisches Programm in Bauvorhaben über, um das Land der Griechen nicht mehr »mit der Seele zu suchen« (Goethe), sondern direkt vor Augen zu haben. Die beiden kannten sich. Ludwig besuchte kurz nach seiner Inthronisierung den greisen Goethe in Weimar, um ihm den Verdienstorden der bayerischen Krone zu überreichen.

Schon im ersten Jahr seiner Regentschaft ändert er den Namen seines Königreichs: Unter dem Eindruck des griechischen Freiheitskampfes verfügt Ludwig I. (1825) per Dekret, dass »Baiern« fortan aufgehübscht und ein griechischer Buchstabe eingebürgert wird: das Ypsilon. Denn dieses kommt im Deutschen sonst ja nur in Fremdwörtern vor. Fortan war Schluss mit der seit tausend Jahren überlieferten Schreibweise und in den Amtsstuben und Zeitungen nurmehr von »Bayern« die Rede! Sieht ja auch fescher aus. Stellen Sie sich mal einen »FC Baiern München« vor – geht irgendwie nicht klar.

Ludwig I. belässt es jedoch nicht bei einem einzigen Buchstaben, sondern lässt Großes bauen: Die Walhalla bei Regensburg, eine Ruhmeshalle im griechischen Stil, durch Leo von Klenze zwischen 1830 bis 1842 errichtet und wie das Panthéon in Paris dem Andenken »großer«, vor allem blaublütiger »Teutscher« gewidmet. Klenze ist als offizieller Hofarchitekt auch für die Glyptothek und die Antikensammlung am Münchner Königsplatz verantwortlich, erstere mit ionischen, zweite mit korinthischen Säulen ausgestattet. Dorische Säulen befinden sich wiederum an den Torbögen der Propyläen schräg gegenüber – sollten Sie nicht mehr ganz sicher sein, welche der drei Säulenordnungen welche ist und wo die Unterschiede liegen, dann blättern Sie doch zurück zum Kapitelanfang – wir haben uns schon etwas gedacht bei der Bildauswahl, die ist nicht nur Ornament, sondern tragender Inhalt.

Die Propyläen sind nicht nur der bayerischen Armee, sondern auch den griechischen Freiheitskämpfern gewidmet. Der Name leitet sich von *Propylaia* ab, altgriechisch für Vorhöfe, daher der Plural – die monumentale Portale an der Akropolis sind das Vorbild. Dieser Rundumschlag am Königsplatz ist es auch, der München vorübergehend den Spitznamen »Isar-Athen« einbringt. Links und Rechts im Mitteldurchgang sind einige Namen in griechischer Schrift eingraviert – die figürlichen Darstellungen am Ostgiebel zeigen den Aufstand gegen die Osmanen. Zentral am Westgiebel finden Sie den ersten griechischen König, das ist Otto, ein Bayer. Um das zu begutachten, muss man nicht unbedingt nach München, man kann auch einen virtuellen Rundgang unternehmen, und zwar hier: *www.bestviews.de/portfolio/virtuelle-propylaeen-360.*

71. Grund

Weil der erste König Griechenlands ein Bayer war

Soviel Vorgeschichte musste sein, denn nur so wird es überhaupt verständlich, wie es passieren konnte, dass ein Bayer vorübergehend König von Griechenland wurde! Eine Republik haben die Großmächte Griechenland noch nicht wirklich gegönnt, antike Ideale hin oder her, ein Königreich lässt sich besser kontrollieren und man weiß auch immer, wer gerade der Ansprechpartner ist. Außerdem hatten sich die Anführer der griechischen Revolution recht bald untereinander zerstritten (es waren schließlich Griechen!), sodass vonseiten der griechischen Nationalversammlung weder Einigkeit noch ein Kompromissvorschlag zu erwarten war (ist ja heute noch so). Der erste Regierungspräsident war ermordet worden, die Lage instabil. Deshalb wurde 1832 wiederum in London beschlossen, es mit der Monarchie zu versuchen.

Doch wen inthronisiert man dort? Griechischer Adel fiel aus, die Phanarioten saßen weiterhin in Istanbul fest und hatten der Revolution weitgehend abgeschworen, weil schlecht für's Geschäft. Irgendeinen Räuberhäuptling von der Peloponnes wollte man nicht befördern, Lord Byron hätte den Job wahrscheinlich bekommen, aber der war ja schon tot. Ein paar Kandidaten aus dem europäischen Hochadel winkten ab, auf andere konnte man sich nicht einigen, schließlich fand sich ein Wittelsbacher Sprössling aus München: der sechzehnjährige Otto, zweiter Sohn von Ludwig I! Dieser bricht Ende desselben Jahres auf, um am 6. Februar 1833 samt 3500 bayerischen Soldaten in der griechischen Hauptstadt einzutreffen. Nein, nicht in Athen, vielmehr in Nauplion (auch Nafplio, soviel wie Neapolis, also Neustadt) auf der Peloponnes – Athen musste erst noch hergerichtet werden, da war außer Akropolis und ca. 5.000 Einwohnern noch nicht wirklich viel los. Nach Athen zieht der Hof erst 1834 und macht die Ansiedlung zur Hauptstadt, die erste Residenz Ottos ist heute das Stadtmuseum. Nach Entwürfen von Leo von Klenze erbaut der Münchener Architekt Friedrich von Gärtner dem König eine standesgemäße Unterkunft, die 1841 bezogen werden kann und in der heute die Parlamentssitzungen stattfinden. Richtig gelesen: Der klassizistische Parlamentsbau in Athen ist von einem deutschen Architekten und wurde für den ersten König Griechenlands erbaut, der selber Bayer war. Damit nicht genug: das gesamte Kabinett und der Beamtenstab kamen aus Bayern, Otto versuchte sich in neoabsolutistischer Staatsführung und maß dem griechisch besetzten Staatsrat keine wirkliche Macht, sondern nur beratende Funktion zu. Die griechische Öffentlichkeit fand dafür alsbald einen Begriff: Βαυαροκρατία – Bavarokratie!

72. Grund

Weil das Bier Fix Hellas nach dem bayerischen Reinheitsgebot gebraut wurde

Neben Beamten, Soldaten und Entourage verschlägt es in der Folge eine ganze Armada an Abenteurern und Unternehmern in den jungen Staat, die im Windschatten des neuen Herrschers Karriere oder Rendite machen wollen. Schon 1833 erscheint ein einschlägiges Druckerzeugnis mit dem schönen Titel *Der Bayer in Griechenland: ein Handbuch für Alle, welche nach Hellas zu ziehen gedenken, oder dasselbe in jeder Beziehung näher kennen zu lernen wünschen; nebst der Übertragung bayerisch-militärischer Kommandowörter und vieler deutscher Gespräche ins Neugriechische.* Einer der Zuwanderer ist ein gewisser Karl Johann Fuchs, der zunächst Bier importiert (Nachfrage vorhanden!) und als ihm dies zu mühselig wird, vor Ort welches zu brauen beginnt. Nach dem bayerischen Reinheitsgebot übrigens, denn dieses gilt im Rahmen der Bavarokratie auch in Griechenland. In Athen eröffnet er ein Brauhaus, das zum feuchtfröhlichen Treffpunkt der Exilbayern wird – ein Zeitgenosse fühlt sich dort an die Isarufer erinnert und lobt den Umstand, dass »ein vaterländisches Getränk hier – an der Grenze des Morgenlandes – zu haben ist!« Bier ist Luxus im damaligen Griechenland und teurer als Wein. Aus Karl Johann Fuchs wird Karolos Ioannou Fix und daraus 1864 der Name der Brauerei: *Zythopiia Fix.* Fix Hellas wurde Hoflieferant, hatte damit quasi ein Monopol inne und blieb bis weit ins 20. Jahrhundert die einzige Großbrauerei Griechenlands. Erst Mitte der 60er Jahre tritt der niederländische Konzern Amstel in den Markt ein und wird vor allem dadurch zur Konkurrenz, dass er nichts mit der Militärjunta (1967 putschten sich die Offiziere an die Macht) zu tun hat, Fix hingegen sehr wohl, nachdem der Verteidigungsminister in die Brauerfamilie eingeheiratet hatte. Aus dem Werbespruch »I byra Fix kanei kalo« also »Fix-Bier tut gut« macht der Volksmund »Fix kanei kako«: »Fix tut weh«. Selbst der Spiegel schreibt von Junta-Bier, das keiner mehr trinken wolle. Nach dem Ende der Obristendiktatur 1974 steigen weitere internationale Konzerne wie Löwenbräu und Heineken in den Markt ein, das Ende von Fix ist besiegelt, 1984 meldet das Unternehmen Konkurs an. Wenn Fix heute neben Alpha und Mythos fast überall in Griechenland erhältlich ist, dann weil sich 2015 der Carlsberg-Konzern der Marke und des Vertriebs annahm. Gebraut wird jedoch nicht mehr an den alten Standorten, die wie in Thessaloniki an der Straße des 26. Oktobers noch immer den Schriftzug tragen: ZYTHOPIIA KAROLOS FIX. Das weitläufige Backsteinensemble steht seit 2004 offiziell unter Denkmalschutz, wird zum Teil von einer Kulturinitiative genutzt (*Fix'in Art*) und dient verschiedenen Unternehmen als Lager.

73. Grund

Weil kleine Staaten gerne große Ideen verfolgen

Das neue Königreich von 1832/33 bildet jedoch lediglich einen griechischen Rumpfstaat ab, in dem gerade mal ein Drittel aller Griechen wohnt – regiert von bayerischen Beamten und Soldaten – und damit bei weitem nicht das, was den Aufständischen vorgeschwebt war: Ein Groß-Griechenland mit Konstantinopel als Hauptstadt, der Schwarzmeer- und kleinasiatischen Küste sowie Südalbanien und Südbulgarien als integralem Teil. In einem Punkt lässt sich Griechenlands Zugehörigkeit zum Balkan daher nicht leugnen: den territorialen Ansprüchen. Als »große Idee« (*Megali idea*) werden diese auch noch nach dem Ersten Weltkrieg propagiert und führen direkt zum Fall von Smyrna und in die kleinasiatischen Katastrophe von 1922: Griechenland hatte die Türkei Atatürks angegriffen – und erlitt eine bittere Niederlage. Anschließend richtete sich der Hass auf die griechischsprachige Bevölkerung in der Türkei, in Izmir und Istanbul, abertausende Flüchtlinge waren die Folge.

Mit Freiheit und griechischen Idealen war es im Staate Ottos nicht weit her, es gab weder eine Verfassung, noch demokratische Verfahrensweisen. Statt einem heroischen, klassisch gebildeten Volk fanden die Neuankömmlinge denn auch bäuerliche Gesellschaften und Clanstrukturen vor, die es zu bändigen galt. Ja, die Neugriechen sprechen noch nicht einmal vernünftiges Griechisch, sondern ein Idiom, das aufgrund der vereinfachten Grammatik, der türkischen Lehnwörter und einer etwas groben Ausdrucksweise keineswegs die Verkehrssprache von Platon und Aristoteles ist. Außerdem ähnelt die neugriechische Bevölkerung nicht ansatzweise den Büsten und Plastiken der Antike – von blondem Haar und klassischem Profil kann keine Rede sein.

Vater Ludwig und Sohn Otto glauben beide, dass Griechenland nicht nur zu einer Erbmonarchie werden wird, sondern auch die territorialen Ansprüche über kurz oder lang durchsetzen kann. Es kommt anders, in jeder Hinsicht. Seine klassizistischen Prachtbauten und den Marmor lässt Otto sich zwar privat sponsoren, die Staatskasse wird jedoch per Schuldenaufnahme gefüllt. Zwar erhält Otto weiterhin seine Apanage als bayerischer Prinz, diese reicht jedoch keineswegs aus, um einen Staat aufzubauen, ein stehendes Heer zu unterhalten und das eine oder andere Bauvorhaben umzusetzen. Die Schutzmächte Großbritannien, Frankreich und Russland gewähren Griechenland einen – nach heutigen Maßstäben – Milliardenbetrag als Darlehen, der über die Rothschildbank in drei Tranchen ausgezahlt werden soll. Das griechische Staatswesen baut also auf Schulden auf. Schon 1833 aber werden die Zinsen nicht bedient, weshalb sich die Auszahlung der dritten Tranche hinzieht. Da Geld aber dringend benötigt wird, springt Ludwig I. mit einem Überbrückungsdarlehen ein. Dieses soll mit 4 % Zinsen zurückgezahlt werden, sobald die internationalen Gelder eintreffen. Die fließen aber nicht mehr, denn in London, St. Petersburg und Paris hatte man inzwischen bemerkt, dass die Zuwendungen ohne nachhaltigen Effekt versickern. Die Rückzahlung an Ludwig bleibt daher aus und dieser kommt in Schwierigkeiten: Bayern ist seit 1818 eine Verfassungsmonarchie, das Parlament genießt Budgetrecht. Kein König kann einfach mal in großem Stil Gelder transferieren, auch wenn Ludwig I. argumentiert, es handle sich um Vermögenswerte, die vor der Einführung der Verfassung angehäuft wurden. In die Ecke gedrängt und zunehmend Vorwürfen ausgesetzt, fordert er sein Geld zurück. Niemand in Athen reagiert und schließlich muss Ludwig in seine Privatschatulle greifen. Auch das mit der Erbmonarchie wird nichts: Als die letzten bayerischen Soldaten 1843 zurückgeschickt werden, bricht sofort ein neuerlicher Aufstand los, Ottos Macht wird beschnitten und eine Verfassung verabschiedet. 1862 endet das bayerisch-griechische Abenteuer: Die Großmächte entziehen ihre Unterstützung, die nächste Rebellion bricht aus und Otto flieht ins Exil nach Bamberg. Dort lebt er bis zu seinem Tode (1867) in der fürstbischöflichen Residenz und unterhält einen Hofstaat von immerhin gut 50 Personen – die allesamt ihre Arbeit in griechischer Tracht verrichten. Einmal täglich ist Griechischstunde – es ist allerdings nicht bekannt, ob auf Neugriechisch oder Altgriechisch parliert wurde.

74. Grund

Weil Griechisch nicht gleich Griechisch ist

Der Streit um die korrekte Sprache aber bleibt innergriechisch erhalten – es geht darum, was als Hoch- und Schriftsprache durchgeht und was nicht, das aktuelle volkstümliche *Dimotiki* konkurriert mit dem Rückgriff auf antike Sprachgepflogenheiten, die – leicht modernisiert – unter dem Begriff *Katharevousa* subsumiert werden. Länger als ein Jahrhundert wird teils so erbittert gefochten, dass es sich keineswegs um eine geschichtliche Randnotiz handelt, sondern um eine Frage der griechischen Identität. Und nein, die Kluft zwischen Alt- und Neugriechisch ist nicht zu vergleichen mit Hochdeutsch und irgendwelchen süddeutschen Dialekten – sie ist eher so wie der Abgrund zwischen aktueller deutscher Schriftsprache und dem Mittelhochdeutschen. Die eigentlich spannende Frage ist daher, weshalb es solange dauert, bis sich das *Dimotiki* durchsetzt, denn das tut es 1976. … 1976! *Katharevousa*, die eng an das Altgriechische angelehnte sogenannte Reinsprache, bleibt bis zu diesem Zeitpunkt die Sprache der Formulare, der Schulen und Universitäten. Der Beruf des Schreibers, der Eingaben und Gesuche für die ungebildeten Schichten besorgt, lebte aus dem osmanischen Reich im modernen Griechenland fort. Schulleiter, wie jener Alexandros Delmouzos in Volos, die sich erdreisteten, Unterricht in der Sprache zu gestatten, welche die Schüler auch tatsächlich sprachen, wurden nicht nur suspendiert und verurteilt – sondern die ganze Schule wurde geschlossen! Treibende Kraft hinter dieser Rückwärtsgewandtheit waren der Klerus und die Konservativen, die teils noch weitergehen und die attische Sprache wiederherstellen wollten. »Übersetzte« Fassungen von antiken Dramatikern wie Aischylos oder Aristophanes können nicht aufgeführt werden oder werden wieder abgesetzt, zu groß der Tumult, zu heftig die Gegenwehr. Mir scheint, genau hier liegt der Hase im Pfeffer: Es ging den griechischen Konservativen um die Identifizierung mit dem antiken Griechenland, um die Behauptung von Kontinuität – ohne Rücksicht auf 2.000 Jahre Fortentwicklung der Sprache, ohne Rücksicht auf deren osmotisches System, das noch nie kontrolliert wurde und sich einer Kontrolle auch nicht unterwirft. Sprache führt ein Eigenleben und sie richtet sich nicht nach einer Meinung oder nach dem, was gerade als politisch korrekt gilt.

Erst 1917 wird *Dimotiki* als Unterrichtssprache in der Grundschule gestattet, emanzipiert sich darüber hinaus aber nur langsam. Prosa und Lyrik begehen jedoch beizeiten Fahnenflucht, die greise altertümelnde Sprache eignet sich nicht zur Beschreibung des modernen Menschen – ein Klassiker wie *Alexis Sorbas* von Kazantzakis ist selbstverständlich in der Volkssprache geschrieben, wie anders dem namensgebenden Helden denn auch Genüge tun? Beide Sprachen werden erst 1964 gleichberechtigt an den Schulen eingesetzt (nicht aber in der höheren Bildung) – ein Schritt, der von der Militärjunta drei Jahre später wieder einkassiert wird. Erst 1976, zwei Jahre nach dem Ende des Obristenregimes, wird *Dimotiki* zur alleinigen Unterrichtssprache, heute ist die Volkssprache endlich auch Amtssprache. Allein die Kirche hält noch an der *Katharevousa* fest, singt die althergebrachte Liturgie und händigt demjenigen, der auf die Mönchsrepublik Athos reisen möchte, ein völlig unverständlich verfasstes Visums-Schreiben aus.

Es gibt übrigens bis heute keine offizielle Umschrift der griechischen Buchstaben in die lateinische Schrift, weswegen nicht nur ich quasi freie Hand habe, sondern auch diejenigen, die die Autobahnschilder in beiden Schriften erstellen, das kann schon mal innerhalb weniger Kilometer variieren. Ob die Fähre nach »Thasos«, »Tasos« oder nach »Thassos« ausläuft, hängt ebenfalls von der Laune desjenigen ab, der die Umschrift des griechischen Θάσος unternommen hat.

75. Grund

Wegen der Sache mit der Betonung

Aber wer interessiert sich schon für die Feinheiten der Umschrift oder versucht überhaupt Griechisch zu schreiben? … nur die wenigsten und warum auch: Für den Alltag reicht es völlig, grüßen zu können (*Kalimera* vor der Mittagsruhe, *Kalispera* anschließend), Danke (*Efcharisto*) zu sagen und zum Beispiel Gute Nacht (*Kali nichta*) – die Feinheiten kommen von ganz alleine: dass *Yassas!* zum Beispiel ebenso zur Begrüßung taugt wie zum Abschied und auf dem Dorf noch zu einem simplen *Ya!* runtergekürzt werden kann – oder dass *Kalinichta pedia* unfassbar gut geeignet ist, um der ganzen Runde eine gute Nacht zu wünschen.

Das Vokabular ist dabei nicht der Fallstrick, es ist die Betonung. Ich weiß nicht, wie sie das hinbekommen haben, aber die Wörter werden absolut verlässlich auf der Silbe betont, die man gerade nicht auf dem Schirm hat. Ein vernünftiger Ansatz wäre es daher, von Anfang an alles vermeintlich falsch zu betonen.

Ein Beispiel: *Megalo Kazaviti.* Sprechen Sie das bitte mal laut aus …

Und nochmal …

Sehen Sie? Komplett falsch, es heißt *Megáallo Kazaviti*, und nicht *Méegalo*, wie Sie das eben ausgesprochen haben. Aus einem Blick in die Grammatik wird man auch nicht schlauer, dort heißt es lapidar: »Die Betonung liegt in der Regel auf einer der drei (!) letzten Silben.« In der Regel, wohlgemerkt, zu den Ausnahmen sind wir noch gar nicht vorgestoßen. Ganz zu schweigen von der Aussprache … Ich persönlich bin immer noch am Trainieren, wie *Chalkidiki* nun wirklich richtig ausgesprochen wird. Das mit der Betonung habe ich geklärt (Hinweis: auf einer der letzten drei (!) Silben), aber dieser X-Laut und das ganz leicht dentale δ, mal abgesehen von den Unterschieden zwischen ι und ή: Χαλκιδική!

Das Wort habe ich mindestens zwanzig Minuten lang versucht, korrekt auszusprechen – unter der Aufsicht von Niky und während meiner Zeit in Alexandras Taverne (siehe Grund 64). Sie hat es mir mehrfach vorgesprochen, schnell, langsam, mittelschnell, in seine Bestandteile zerlegt und wieder zusammengesetzt – aber es blieb fruchtlos. Die Umschrift mit CH ist nämlich nur ein sachdienlicher Hinweis, aber ganz und gar nicht da, wo Niky mich hin haben will.

Zumindest habe ich es als Kellner geschafft, in der Tavernenküche Gerichte anzusagen, da brauchte es ja nur Anzahl, Tischnummer und die Position sowie ein kleines *parakalo* vorneweg, auch wenn man das in der Hoffnung auf Aufmerksamkeit mehr in die Küche

Über vierzig Grad im Schatten: Den Brunnen haben Franzosen da gelassen, den Deutschen die Einheimischen dort abgestellt.

Alexander Heer macht alles von Hand. Micro Winery nennt er die Ktima Kazaviti, sein Weingut und Forschungsprojekt auf Thasos.

Oben: Im Keller der Tatsis in Goumenissa.
Unten: Die drei haben bestimmt den gleichen Namen, wetten? (Grund Nr. 33).

Links die zentralen Markthallen von Thessaloniki, rechts der alte Frachthafen, der zu einer Flaniermeile mit Cafés geworden ist.

In Griechenland hat man nicht vergessen, dass die Zubereitung den Kreislauf nur abschließt. Perfekte Zutaten brauchen vor allen Dingen Zeit – und Oktopus im Hochsommer ist ein Irrtum.

Wasserfälle heißen sie offiziell, aber ich möchte sie in Kaskaden von Skra umbenennen: wirklich ein Wunder!

Unten: Goumenissa ist auch im Sommer noch so reich an Wasser, dass man sich ein Naturschwimmbad leistet.

Werden Sie mir erstmal nicht glauben, aber hier wird Wein geerntet. Also Trauben wieder aus dem Meer geholt. Warum genau steht in Grund Nr. 63.

Oben: Das sind Yannis' Oreganobündel, meine eigenen habe ich gar nicht erst fotografiert (vgl. Grund Nr. 62).

Im neuen Wingert, Spaliererziehung mit entblätterter Traubenzone.
Die Trockenmauern gehen auf die Phönizier zurück, die unten ist renoviert bzw. wurde neuaufgebaut.

Zwei der wohl wildesten Wochen meines Lebens: als griechischer Kellner bei Alexandra. Wenn Dimitri (blaues Hemd) nicht da gewesen wäre, ich hätte kaum überlebt … (Grund Nr. 64).

... dann schon lieber so: bei Stamatia im Dorf abhängen, schauen wer noch so kommt und das Bier selber holen.

reinbellt, als aus Gründen der Höflichkeit hinzufügt. Menü-Karten lesen zu lernen, das klappt eh von ganz allein – das kann wirklich jeder, da braucht es eigentlich die gängigen deutschen und englischsprachigen Übersetzungen gar nicht. Außer bei *Bifteki*.

Nun sind die Griechen allesamt extrem tolerant, was den Umgang der Nicht-Einheimischen mit ihrer Sprache angeht (was wahrscheinlich der Gewöhnung an die jahrhundertelangen Fehlleistungen von Gräzisten geschuldet ist – Gräzistik, die Wissenschaft vom Altgriechischen, die sämtliche Namen rückgräzisiert hat, nachdem sie sie erst germanisch interpretiert hatte), und sprechen außerdem meist eine von deren Sprachen. Sollte dies nicht der Fall sein, dann findet der griechische Part dennoch einen Weg zu kommunizieren: Thanasis hat mich einmal aufgelesen, als ich von Kazaviti hinunter nach Haupt-Prinos ging. Er ging schon vom Gas, als er mich sah, der alte Toyota stoppte neben mir und ich stieg ein. Thanasis war ein bisschen verblüfft, dass er wegen einem Ausländer angehalten hatte, hätte er nicht gedacht. Ja, sage ich, ich arbeite hier ja auch. Wo das denn, fragt Thanasis und ich nenne den Wingert. Hat er gesehen, Alex aber kennt er nicht. Findet das trotzdem spannend. Thanasis redet nur griechisch, aber er macht das so langsam, dass ich wiederum alles verstehe, was er sagt. Und er reimt sich zusammen, was ich ihm in Bruchstücken darlege, versichert sich, fragt nach, legt mir Worte hin. Die kurze Fahrt über tauschen wir Lebensdaten aus. Und als er sagt, er müsse vorher abbiegen, würde mich an der Brücke rauslassen, da verstehe ich auch das.

Geht doch, wenn beide Parteien wollen!

76. Grund

Because it's all just a little bit of history repeating

Wie bereits erwähnt (73. Grund) konnte der griechische Staat überhaupt erst durch Schuldenaufnahme geschaffen werden. Das ist insofern logisch, als dass dort, wo noch nichts ist, erstmal etwas hingebaut werden muss. Anschließend geht es darum, das Geschaffene profitabel zu machen, sprich Steuern einzunehmen aus laufenden Geschäften. Und schließlich müssen höhere Einnahmen als Ausgaben erzielt werden. Und genau das geht im Falle Griechenlands schief, nicht zuletzt wegen der »Großen Idee«.

Die Ionischen Inseln werden 1864 in das Staatsgebiet eingegliedert, was völlig unproblematisch ist, denn die Inseln sind durch die venezianischen, französischen und britischen »Vorbesitzer« gut in Schuss, das heißt die Verkehrswege funktionieren, der Handel läuft, die Verwaltung steht, Steuern fließen. Ganz anders steht es um die nördlichen, ländlich geprägten und weitläufigen Gebiete von Thessalien und Makedonien, die sukzessive dem schwächelnden Osmanischen Reich durch kostspielige Militäreinsätze »abgerungen« werden. Die einstigen Schutzmächte verfolgen keine strategischen Interessen im griechischen Hinterland, sie kümmern sich verstärkt um das weiter unter osmanischer Herrschaft stehende Kreta und führen dieses ab 1897 in ein Protektorat über. Um weiterhin kreditwürdig zu sein, strukturiert Griechenland sein Bankwesen um, erreicht eine Umschuldung und generiert Einnahmen aus den Staatsmonopolen über Salz, Zündhölzer (!) und Petroleum. Dazu kommen zwar noch die Zolleinnahmen der Häfen, dies alles reicht aber nicht, um die gigantische Schuldenlast von 630 Millionen Francs (zum Vergleich: 1833 waren es 60 Millionen) länger als ein gutes Jahrzehnt zu bedienen. Ausgerechnet der einbrechende Export von Korinthen ruiniert letztlich den griechischen Staatshaushalt, wobei die korrupte Beamtenschaft und die wechselnden Regierungen ihr

Übriges tun. Im Dezember 1893 erklärt der Ministerpräsident: »Bedauerlicherweise sind wir bankrott.« Griechenland wird in der Folge unter internationale Finanzverwaltung gestellt, richtet aber trotzdem drei Jahre später die erste Olympiade der Neuzeit aus.

77. Grund

Weil der kollektive Marathonlauf eine neuzeitliche Erfindung ist und er seine entscheidenden Meter einer britischen Königin verdankt

Der letzte Satz war hart an der Lüge, denn es sind nicht die Griechen, welche die allererste Olympiade der Moderne ausrichten – sie machen zwar mit, ausgedacht haben sich das Schauspiel aber andere: 1894 wird in Paris das Internationale Olympische Komitee gegründet auf Initiative des Pädagogen Pierre de Coubertin. Dessen Ziele sind Völkerverständigung, gegenseitiger Respekt und natürlich der Rückbezug auf die Ideale der Antike, deren Götterwelt allerdings zugunsten der Physis ausgeklammert bleibt. Als Austragungsort wählt man historische Stätten in Griechenland und vollbringt das Kunststück, die Spiele daselbst schon zwei Jahre später stattfinden zu lassen: mit 176 Sportlern aus dreizehn Nationen und insgesamt 43 Wettkämpfen (zum Vergleich: 2020 in Tokio fanden 339 Wettkämpfe statt, allein das Deutsche Komitee entsandte knapp 500 der insgesamt mehr als 11.000 Athleten). Die Eröffnungsfeier fand im antiken Panathinaiko-Stadion statt, westlich der Akropolis gelegen und eigens renoviert. Alles sollte an die historischen Spiele erinnern, möglichst nahe am Original bleiben, obwohl das eigentliche Olympia zweihundert Kilometer entfernt liegt. Ebenso verblüfft es ein wenig, dass gerade der Marathon neu eingeführt wurde – also als sportliche Disziplin und als Wettkampf. Der historische Marathon-Lauf fand bereits 490 v. Chr. statt. Mit nur einem einzigen Teilnehmer und im

Wettlauf gegen die Zeit: Der Botenläufer Pheidippides überwindet die Strecke zwischen Athen und Sparta, läuft dann über das Küstenörtchen Marathon zurück und verkündet den Sieg über die persische Flotte. Das wäre dann eher ein Ultra-Marathon gewesen, von dem jedoch in der späteren Legende nur die Strecke Marathon-Athen übrig bleibt. Die wiederum beträgt *nicht* 42,125 km – diese Distanz ergibt sich vielmehr aus den Olympischen Spielen in London 1908, in Athen wurden »nur« 40 Kilometer absolviert und zwar in der Tat von Marathon aus – Sieger wurde ein gewisser Spyridon, der sich an die Spitze setzte, nachdem sowohl der führende Franzose Lermusiaux als auch der Australier Flack aufgeben mussten. Beide hatten, wohl um kein verunreinigtes Wasser zu trinken, ausschließlich Alkoholika zu sich genommen. Ebenfalls Spyridon hieß der Drittplatzierte, der jedoch disqualifiziert wurde, nachdem herauskam, dass er einen Teil der Wegstrecke mit der Kutsche zurückgelegt hatte – um den *Marathonios*, wie es griechisch korrekt heißen müsste, abzukürzen.

In London aber sollte die Strecke vom Windsorpalast bis zum Stadion führen – genau 42 Kilometer. Dann aber meinte die amtierende Königin Alexandra: »Hach, wär schon schön, wenn's noch vorbeilaufen würden, direkt unter meiner Loge.« Dem Wunsch ihrer Majestät wurde selbstverständlich entsprochen, die zusätzlichen 125 Meter wurden in den Marathon eingebaut und bis heute nicht wieder entfernt.

Mit der Antike aber hat all das Spektakel nichts zu tun. Mit einer »Olympiade« wurde zunächst einmal die Zeit zwischen den Spielen bezeichnet, die Spiele selber fanden außerdem nicht bei Athen, sondern im Heiligen Hain bei Olympia (Archea Olymbia) auf der Peloponnes statt – also inmitten von Tempeln und Altären. Die Anlage ist weitgehend erhalten, Stadion und Gymnasium sind heute noch zu erahnen: Der Band »Asterix bei den Olympischen Spielen« vermittelt ein detailgetreues Bild der einzelnen Sportstätten – das Autorenduo war vor Ort, um zu recherchieren! Wenn aber heute das Internationale Olympische Komitee (IOC) den unpolitischen

Charakter ihres Großevents betont, um ein Schweigen über so viele Untaten zu legen, dann könnte der Anspruch nicht weiter entfernt vom historischen Original sein. Über eintausend Jahre lang (von ungefähr 700 v. Chr. bis 300 n. Chr. und damit wesentlich länger als die moderne Variante jemals durchhalten wird) stifteten der olympische Friede und das damit einhergehende freie Geleit für Athleten, Betreuer und den Tross den Rahmen für politische Verhandlungen, Begegnungen und Gespräche auch zwischen verfeindeten Parteien oder Stadtstaaten, die sich andernorts zeitgleich im Krieg befanden. Die Spiele waren also sportlicher Wettbewerb, Götterverehrung und das politische Event jener Tage schlechthin! Medaillen gab es übrigens keine für die sportlichen Sieger, sondern lediglich Kränze oder Zweiglein sowie kleine Statuetten – materiell wertlose Siegerfigürchen. Man weiß das so genau, weil eine Unzahl jener in einem Brunnen entdeckt wurde, ganz offensichtlich dort von den Athleten entsorgt. Den Siegerkranz zu erhalten und seinen Namen (der wurde penibel notiert!) in den Chroniken zu hinterlassen, brachte hingegen weit mehr als Ruhm und Ehre ein: Steuerfreiheit nämlich, lebenslange Speisung und nicht selten eine politische Karriere in der Polis. 1896 bekam der jeweilige Sieger übrigens eine Silbermedaille, der Zweitplatzierte eine aus Bronze und der dritte rein gar nichts.

In Olympia bestand die Ehrung aus einem Olivenzweig, Lorbeer bekam man in Delphi ums Haupt, in Korinth sollen es Fichtenzweiglein gewesen sein. Diese Städte richteten nämlich die panhel lenischen Spiele aus, gewissermaßen die Konkurrenzveranstaltung und etwas, um das sich Athen stets bemühte, jedoch nie erfolgreich zustande brachte. Neben der eminenten gesellschaftlichen Relevanz der Spiele und dessen, was in deren Umfeld geschah, darf man nicht vergessen, welch gigantische Einnahmen allein aus dem Hotelbetrieb entsprangen. Fremdenverkehr war damals schon die Lebensader von Olympia, Delphi und Epidaurus.

78. Grund

Weil Homer gesungen wurde und die Dichter zum Wettbewerb antraten

Das moderne Motto der olympischen Spiele »schneller, höher, weiter« ist ein Produkt der Fortschrittsgläubigkeit unserer Zeit und nicht der Antike. Die olympischen Ringe wiederum hat Pierre Coubertin höchstselbst entworfen, der bis 1925 zweiter Präsident des IOC blieb. Coubertin bringt 1912 das Kunststück fertig, einen olympischen Wettbewerb einfach mal selbst zu gewinnen – und zwar in der Disziplin Literatur, die auf sein eigenes Betreiben hin geschaffen wurde. Er gewinnt den Wettbewerb just mit einer »Ode an den Sport«: »O Sport, du Göttergabe, du Lebenselixier! / Der fröhlichen Lichtstrahl wirft in die arbeitsschwere Zeit, / Der du ein Bote bist der längst vergangenen Tage. / Wo die Menschheit lächelte in Jugendlust, / Wo der aufsteigende Sonnengott die Gipfel der Berge rötete / Und scheidend den Hochwald in leuchtende Farben tauchte.« So geht das über neun Strophen – man muss jedoch zu Coubertins Ehrenrettung sagen, dass dieser sein Werk unter Pseudonym einreichte und noch dazu für das Deutsche Kaiserreich antrat, Betrug daher ausgeschlossen. Wahrscheinlich waren die anderen einfach noch schlechter und nicht sehr zahlreich. Dass die olympischen Sommerspiele in Stockholm 1912 überhaupt mit zusätzlichen Wettbewerben in den Bereichen Baukunst, Literatur, Musik, Malerei sowie Plastik aufwarten, ist so absurd, wie es auf den ersten Blick scheinen mag, auch wieder nicht – wenngleich sich das bekanntermaßen nicht durchgesetzt hat. Die Pythischen Spiele von Delphi – nach den Olympischen die wichtigsten – bestanden zum Anfang ihrer tausendjährigen Geschichte (ab 582 v. Chr. bis 394 n. Chr.) aus einem einzigen Wettbewerb: dem Gesang bzw. der Rezitation zum Kitharaspiel – sozusagen die ursprüngliche Form des Poetry-Slams. Die Kithara ist eine Leier und Namensgeberin der Gitarre.

Die gesamte Lyrik schuldet ihre Existenz dieser Lyra und wurde einst ebenso singend vorgetragen wie komplette Epen, namentlich die des Homer, weswegen die Odyssee in verschiedene Gesänge unterteilt ist. Die Vertonung war also die Regel und nicht die Ausnahme (kann man sich schlecht vorstellen, deshalb hier eine Kostprobe: *www.archive.org/details/Odyssey_in_Ancient_Greek/odyssey1.mp3*) Man sollte sich die Eingangszeilen und die Anrufung der Muse also nicht im Deutschlehrerton vorstellen, sondern in getragenem, die Silben streckendem Singsang:

Sage mir, Muse, die Taten des vielgewanderten Mannes,
Welcher so weit geirrt nach der heiligen Troja Zerstörung,
Vieler Menschen Städte gesehn und Sitte gelernt hat
Und auf dem Meere so viel unnennbare Leiden erduldet,
Seine Seele zu retten und seiner Freunde Zurückkunft.

Später kommt in Delphi noch die Disziplin »Flötensolo« dazu und schließlich werden auch sportliche Wettkämpfe in das Programm mit aufgenommen. Das Theater Delphis ist darüber hinaus Schauplatz dessen, was man heute vielleicht Theater-Battle nennen würde oder Stand-up-Comedy – je nachdem ob es sich um das tragische oder komische Fach handelt. Die Künste waren also in der Tat integraler Teil des antiken Wettkampfs – und Delphi in der antiken Welt etwa so bekannt und beliebt wie das Münchener Oktoberfest.

79. Grund

Weil Delphis Orakel nicht nur unzuverlässig war, sondern auch als Machtinstrument eingesetzt wurde

Aber weder deshalb noch wegen seines Apollontempels galt Delphi den antiken Poleis (Mehrzahl von Polis – Stadtstaaten) als Nabel der Welt, sondern weil Delphi ein politisches Machtzentrum war.

Dies rührte zum einen vom berühmten Orakel, zum anderen daher, dass Delphi gewissermaßen ein Finanzzentrum darstellte. Mehr dazu gleich, zunächst zum Orakel, das Fragesteller nicht nur aus Griechenland, sondern aus dem gesamten Mittelmeerraum anzog. Laut den Überlieferungen wird das Orakel von der Pythia gesprochen, einer Art Oberpriesterin, die sich zu diesem Zweck in einen Trancezustand versenkte – aber nur, wenn der Fragesteller entsprechend solvent war und für ausführliche Antwort zahlen konnte. War dies nicht der Fall, durften nur Fragen gestellt werden, die mit Ja oder Nein beantwortet werden konnten. Die Pythia soll zu diesem Zweck in einen Sack mit schwarzen und weißen Bohnen gegriffen haben, weiß war Ja, schwarz hieß Nein.

Entscheidend ist aber, dass sich die Priesterschaft komplexere Fragestellungen bevor es ans Orakeln ging *en detail* erläutern ließ. Wir müssen uns also die Apollonpriester von Delphi als die bestinformierte Personengruppe der griechischen Antike vorstellen und es müsste mit dem Teufel (bzw. mit Zerberos) zugehen, wenn dieses Wissen nicht auch für den ein oder anderen Orakelspruch verwendet wurde. Davon abgesehen war das Orakel auch schlicht ein einträgliches Geschäftsmodell (es sind immerhin Griechen!). Dazu kommt außerdem, dass so ein Orakelspruch oftmals mehr Fragen aufwirft, als er beantwortet und den Fragesteller gewollt im Unklaren lässt. Von Herodot wissen wir, dass König Krösus (genau der!) das Orakel um Rat fragte, bevor er gegen die Perser in den Krieg zog. Der Orakelspruch lautete »Falls du diesen Fluss überschreitest, wirst du ein großes Reich zerstören« – der Grenzfluss zum persischen Reich war gemeint und Krösus sich daraufhin seiner Sache ganz sicher – doch weit gefehlt, das große Reich, das er fällte, war sein eigenes. Das Orakel operierte also grundsätzlich mit einer frühen Form des Haftungsausschlusses: »Wenn du mich missverstehst, selber schuld!«

Und noch etwas anderes erklärt die Bedeutung Delphis: Innerhalb der weitläufigen Tempelanlage lagerten auch die Staatsschätze sämtlicher Poleis. Dorthin wanderten nicht nur Weihegeschenke, sondern überdies Kriegsbeute. Überreste von ganzen 32 solcher Schatzhäuser wurden an der Heiligen Straße gefunden, dem Finanzdistrikt des Apollonheiligtums.

80. Grund

Weil Theater zur Kur eingesetzt wurde ...

Auch in Epidauros gab es Spiele, die jedoch nicht dieselbe Bedeutung hatten wie jene in Delphi oder Olympia. Heute ist Epidauros vor allem für sein Theater bekannt und dessen hervorragende Akustik. Es scheint etwas seltsam, dass eine der größten und besten Theateranlagen der Griechen gerade hier – 13 Kilometer von der Hafenstadt entfernt und nicht im Stadtkern – inmitten eines Heiligtums angesiedelt ist. Wir haben schon am Beispiel von Delphi gesehen, dass Heiligenverehrung zugleich ein Geschäftsmodell sein kann. Der jeweilige Kult beschränkt sich nicht auf Opfergaben und Götterverehrung, sondern huldigt die jeweiligen Attribute einer Gottheit, zelebriert das Wirken in ihrem Namen. Der Gott, dem Epidauros geweiht ist, ist Asklepios, ein Sohn des Apollon, mit dessen Namen sich heute eine deutsche Klinikkette schmückt. Asklepios ist der Gott der Heilkunst und die Beherbergungsmöglichkeiten von Epidauros (immerhin 160 Schlafplätze samt Großküche) dienten nicht allein den Pilgern sondern auch Behandlungsbedürftigen. Beziehungsweise war beides dasselbe, wir befinden uns an den Anfängen der modernen Medizin, da schließt das eine das andere mit ein: Die Besucher von Epidauros unterzogen sich zunächst einer rituellen Reinigungsprozedur, um hernach dem Apollon ein Opfer darzubringen (also Eintritt zu bezahlen). Anschließend wurde die Nacht in einem speziellen Schlafgemach zugebracht, im *Enkoimeterion*. Im Schlaf sollte sich Asklepios offenbaren und die weitere Behandlung festlegen. Dies geschah durch Traumdeutung am nächsten Tag. Wir wissen um Badekuren aber auch richtiggehende chirurgische Eingriffe, die während des Aufenthaltes vollzogen wurden, konkrete Rituale und Prozeduren sind jedoch nicht überliefert. Was hingegen überliefert ist, ist die Rolle von Theater und Kunst.

Es habe in Epidauros auch kulturelle Angebote gegeben, heißt es manchmal lapidar. Das klingt, als könnte man nach einer Anwendung noch ins Kino, es klingt nach Konsum und Ablenkung – also unserem heutigen Kulturbegriff. Die historische Wahrheit ist, dass sowohl Kunstgenuss als auch -produktion gewissermaßen verschrieben wurden, wegen dem kathartischen Effekt: »Dreimal Antigone schauen, mindestens vier Gedichte schreiben, Vortrag über Politik in einer Woche, Thema frei.« Kunst war ein integraler Teil der Anwendungen, daher auch das außergewöhnliche Theater. Es diente der Medizin. Epidauros stellte im Wortsinne einen Wellnesstempel dar, mit Anwendungen und richtig Programm und dem allerbesten Theater der bekannten Welt – man wollte sich schließlich was gönnen.

Damit soll lediglich illustriert werden, wie häufig die Griechenlandverehrung unvollständig bleibt, weil viele Aspekte antiker Praxis ausgeblendet werden: Die Tempel und Statuen müssen wir uns quietschbunt vorstellen, die demokratischen Abstimmungen als ein lautes Gelage und die Kulte als umfassende Praktiken sowie Haupteinnahmequelle der Priesterschaft, des jeweiligen Heiligtums und ganzer Städte. Die einzelnen Kultstätten wiederum standen in Konkurrenz um Kundschaft und ihr Ranking (»Die 10 besten Kulte im antiken Griechenland!«), da schadet es nicht, mit den Einkünften das beste Theater der bekannten Welt zu finanzieren – man muss der Kundschaft schließlich was bieten, sonst verliert man an Standing. Was angesichts des tausend Jahre währenden Olympia-, Delphi- und Epidauroskult ziemlich erfolgreich verhindert wurde.

81. Grund

... und für das Scherbengericht

Das Theater ist im antiken Griechenland aber nicht nur der Tragödie und Komödie gewidmet, sondern auch dem Schauspiel der Demokratie: Hier tagen Vollversammlung und auch einzelne Räte, immer unter offenem Himmel. Man muss sich die schrittweise Entwicklung der griechischen Demokratie als ein Korrektiv denken, das dem Adel das Überleben sicherte. Ähnlich wie durch die Einführung des Unterhauses in Großbritannien 2.000 Jahre später, wurde in Attika die Volksherrschaft etabliert, ohne dem Adel seine privilegierte Stellung zu nehmen, wohl aber dessen politische Entscheidungsbefugnisse einzuschränken. Die griechische Demokratie beruht auf der Vollversammlung der Polis, Ekklesia genannt, wobei das Volk lediglich aus männlichen Bürgern bestand – Frauen, Sklaven und Fremde hatten kein Stimmrecht. Grundsätzlich stand jedem Bürger jede Position im Staat offen, teilweise wurde sogar gelost. Aber auch der Ausschluss aus der Polis und eine Verbannung konnte beschlossen werden: durch das sogenannte Scherbengericht.

Jeweils im März eines jeden Kalenderjahres wurde zunächst darüber abgestimmt, ob überhaupt ein Scherbengericht stattfinden solle. Und falls ja, dann ging es darum, wer in die Verbannung geschickt werden sollte für zehn Jahre! Es handelt sich also um eine Negativ-Wahl und kein Gericht im eigentlichen Sinne, denn Anklage und

Verteidigung gibt es ja nicht. Vielmehr geht es darum, denjenigen zu identifizieren, der innerhalb der Polis unliebsam ist, zu mächtig wird oder zu viele Vorteile genießt. Daher kam es, dass sogar erfolgreiche Heerführer anschließend in die Verbannung geschickt worden sind. Wenngleich die Wahl nicht immer logisch abläuft, halten doch manche Forscher das Scherbengericht für ein demokratisches Instrument insofern, als dass die Möglichkeit der Verbannung Machtkonzentration und damit ein Abdriften in die Tyrannei verhinderte. Jeder stimmberechtigte Bürger kratzte zu diesem Zweck den Namen dessen, der in die Verbannung geschickt werden soll, auf eine Scherbe. Die Scherben galten als Stimmzettel und sind in so großer Zahl erhalten geblieben, dass sich die jährlichen Wahlen rekonstruieren lassen. Mindestens 6.000 Stimmen brauchte es, damit der Bannspruch wirksam wurde.

Logisch müssen aber die Bannsprüche nicht sein – im Land, dass das logische Denken erfunden hat, weiß man auch, sich widersinnig bis absurd zu verhalten (was bis auf den heutigen Tag Geltung hat): Der Politiker Kleisthenes, der das Verfahren des Scherbengerichts verfeinerte und überhaupt als gerechter Mann galt, wurde laut einer Anekdote von einem Unbekannten, der des Schreibens unkundig war, gebeten, an dessen Stelle die Scherbe zu beschriften.

»Mit welchem Namen denn?«

»Kleisthenes.«

»Und warum gerade der?«

»Na, weil alle sagen, der sei so gerecht!«

82. Grund

Weil Görlitz vorübergehend zur griechischen Hochburg wurde

Die olympischen Spiele wurden 394 n. Chr. vom römischen Kaiser Theodosius (»Zeusilein«) als heidnisch verboten, genauso wie der Orakelbetrieb in Delphi 367 n. Chr. Epidauros wurde nach seiner Verwüstung durch die Westgoten 426 n. Chr. geschlossen, das Theater lag unter Massen an Schutt und wurde daher so gut erhalten.

Das mit der Völkerverständigung durch gemeinsame Sportwettkämpfe erweist sich leider als wenig breitenwirksam, denn schon bald nach der Wiederaufnahme der olympischen Spiele 1896 – also 1500 Jahre nach deren Ende – bricht der Erste Weltkrieg über Europa herein. Der Balkan eilt entgegen seiner Gewohnheit sogar ein paar Jahre voraus und beginnt das Morden schon 1912, genauso wie die Eröffnungsschüsse zum allgemeinen Kriegseintritt zwei Jahre später in Sarajevo fallen werden. Diesem Umstand und einer gewissen Unübersichtlichkeit ist die bis heute wirksame Sentenz vom Balkan als Pulverfass geschuldet. Unübersichtlich wurde die Situation auch für die 6.500 griechischen Soldaten und Offiziere des 4. Armeekorps, die 1916 in der Nähe von Kavala stationiert waren. Griechenland verhielt sich offiziell neutral – was weder die sogenannten Mittelmächte Deutschland und Bulgarien als auch die Entente in Form von französischen und englischen Truppen am gewaltsamen Grenzübertritt und der Einnahme strategisch wichtiger Positionen hinderte: Zwischen beiden befindet sich isoliert und ohne Rückzugsmöglichkeit, da abgeschnitten vom Süden Griechenlands, das besagte 4. Armeekorps und wird eingekesselt. Zwar neutral, aber insgeheim der deutschen Seite nicht abgeneigt, ersucht man bei deren Heeresleitung um Evakuierung – nicht ohne anzufügen, ansonsten müsse man sich halt mit Mensch und Material der Entente ergeben … Dem Gesuch wird stattgegeben und alle 6.500 Mann samt

Feldhaubitzen auf zehn Züge verteilt und außer Landes gebracht – nach Deutschland! Zwölf Tage dauert die Fahrt und sie endet im schlesischen Görlitz, denn dort steht eine Kaserne leer und da wird das gesamte Korps einquartiert.

»Χαίρετε« stand am Bahnhof auf einem Banner zu lesen, also *chairete* – eine Art höfliches »Servus«, ganz korrekt im Plural. Mit Musik und militärischen Ehren wurden die Soldaten als »Gäste der Reichsregierung für die Dauer des Krieges« begrüßt. Die ganze Episode wäre vergessen worden, hätte nicht der deutsch-griechische Historiker Gerasimos Alexatos den Schatz der »Griechen von Görlitz« gehoben, so der Titel seines Buchs. Die Offiziere durften außerhalb der Kaserne Wohnungen anmieten, den einfachen Soldaten war Ausgang in die Stadt erlaubt. Schnell entwickelte sich ein reges deutsch-griechisches Alltagsleben. Geschäfte eröffneten, deutsche Gasthöfe sollen begonnen haben, griechisch zu kochen. Selbst eine Tageszeitung wurde herausgegeben – die *Nea toy Görlitz.* Zur schnellen Integration trug neben dem »Griechenfond« (10 Millionen Reichsmark), den Heeresleitung und Reichsregierung zur Verfügung stellten, sicherlich auch bei, dass große Teile der jüngeren männlichen Bevölkerung von Görlitz im Krieg waren oder aus diesem nicht zurückgekommen waren. So übernahmen Griechen deren Arbeit, traten einen Ausbildungsplatz an oder heirateten eine junge Görlitzerin. Das Gastspiel – was historisch relativ einmalig blieb: eine ganze Armee, die einfach mal so evakuiert und untergebracht wird – fand mit dem Ende des Krieges ihr eigenes: Viele der griechischen Soldaten sollen sich den Spartakus-Aufständen angeschlossen haben und nach deren Scheitern das Land verlassen haben. Nur etwa 200 entschieden sich in Görlitz weiterzuleben. 1921 gründeten sie einen griechischen Verein, 1923 gab es rund fünfzehn griechische Geschäfte in der Stadt. Heute leben noch etwa 40 Nachkommen in Görlitz.

Die Geschichte hat noch ein Nachspiel: Als während des griechischen Bürgerkriegs im Nachgang des Zweiten Weltkriegs tausende von Kommunisten aus Griechenland fliehen müssen, da siedeln sie sich ausgerechnet in Zgorzelec an, demjenigen Teil von Görlitz, der jenseits der Oder und somit nun auf polnischem Staatsgebiet liegt. Die deutsche Bevölkerung war von dort vertrieben worden, Häuser standen leer und kurz nach der Ansiedlung von Polen aus Galizien kamen Griechen hinzu. »Republika Grecka« wurde Zgorzelec auch genannt – und so kam es, dass dies- und jenseits der Grenze, in Görlitz und in Zgorzelec, Griechen lebten.

83. Grund

Wegen dem Mahnmal in Kalavryta und dessen versöhnlicher Inschrift

1953 erscheint in Deutschland das Buch »Ölberge, Weinberge« von Erhart Kästner und erzählt von Griechenland. Wichtig: Recherchezeitpunkt 1941. Veröffentlichung einer ersten Fassung unter dem Titel »Griechenland. Ein Buch aus dem Kriege«, 1942.

In Auftrag gegeben und finanziert von der Wehrmacht, als Erbauungsliteratur vor allem für Soldaten, um diesen »die Denkwürdigkeiten Griechenlands näherbringen zu lassen und so in Euch das Bewußtsein für Schönheit und Größe des alten Griechenlands zu wecken und zu stärken« (aus dem Geleitwort der Fassung von 1942).

Das Buch trifft in seiner von den groben (und verräterischen) Schnitzern bereinigten und gleichzeitig stark erweiterten Fassung den Geschmack der jungen Bundesrepublik wohl vor allem in einem Punkt: wovon es nicht oder nur ganz am Rande erzählt. Brechts Gespräch über Bäume, das ein Schweigen über so viele Untaten einschließt – es ist so, als ob Erhart Kästner genau dieses führen will und mit methodischem Verschweigen zahllose Leser gewinnt, die mit ihm auf die Suche nach dem idealen Griechenland gehen – wobei nur antike Ruinen vorkommen dürfen, nicht aber beispielsweise die 26 gebrandschatzen Dörfer von Kalavytra samt der mindestens 695 Todesopfer.

An diesem wie auch Kästners weiteren Griechenlandbüchern verwundert vor allem »wie hier ein deutscher Bildungsbürger im Waffenrock der Wehrmacht durch das von Hitlers Truppen verheerte Hellas zieht, von all dem Morden und den Zerstörungen scheinbar nichts mitbekommt und das Land mit seinen antiken Stätten in philhellenischer Begeisterung als Idylle des Friedens und der Schönheit schildert.« (Arn Strohmeyer, Dichter im Waffenrock, 2006)

Kalavryta ist nur ein Name von vielen, Kerdilia zwischen Thessaloniki und Kavala ist ein weiterer (200 Opfer), Distomo am Parnass ein dritter – dort fielen der »Vergeltungsaktion« der SS 1.800 Dorfbewohner zum Opfer. Die Plünderung von Athen ab dem 18. April 1941 und der darauffolgende Hungerwinter 1941/42 (*Megalo Limos*), dem in Griechenland insgesamt mehr als 100.000 Menschen zum Opfer fielen, zeigt die Systematik der deutschen Besatzung. In Kalavryta kam es am 13. Dezember 1943 nicht nur zur Erschießung der gesamten männlichen Zivilbevölkerung (dreizehn der Jungen und Männer überlebten, weil man sie für tot hielt), Kinder und Frauen wurden separiert und im Schulgebäude eingesperrt, dieses angezündet. Zuvor schon fackelte die 117. Jägerdivision das Nationalheiligtums *Agia Lavra* ab – dasjenige Kloster, von wo aus 1821 die Revolution ausgerufen wurde. Grund des Massenmords: Vergeltung für von griechischen Partisanen erschossene deutsche Soldaten.

Heute erinnert ein Mahnmal in Kalavryta an das Geschehen von 1943, das Schulgebäude ist ein Museum. »Nie wieder Krieg« und »Frieden« prangt dort versöhnlich in großen weißen Lettern am Hügel. 33 Kriegswaisen aus Kalavryta empfing Bundeskanzler Adenauer 1956. Sie bekamen einen Ausbildungsplatz in Deutschland. Das Anwerbeabkommen mit Griechenland für die sogenannten Gastarbeiter wurde 1960 unterzeichnet. Überlebende der Massaker in Griechenland wurden nie »entschädigt«.

84. Grund

Weil auch ich ein Gastarbeiter bin

Es ist sonderbar, dass die Ankunft der ersten griechischen Arbeiter in Deutschland mit dem der ersten deutschen Touristen in Griechenland zeitlich zusammenfällt. 1960 das Anwerbeabkommen, 1962 die ersten Pauschalreisen mit Neckermann. Gleichzeitig ist es logisch, denn die Unwucht des Geldes sorgt für die Migration hin und her: zwei Wochen Sommerfrische auf der einen, ein halbes Leben in der Fabrik auf der anderen Seite. Und auf einmal teilen beide Seiten dieselbe Sehnsucht nach Griechenland. Udo Jürgens besingt sie 1971 mit »Griechischer Wein« und er malt sich eben nicht aus, wie er auf Samothraki bei Jorgos in der Taverne sitzt und in drei Tagen schon wieder heim muss ins Büro – nein: Er landet *in Deutschland* in der Taverne:

Es war schon dunkel
Als ich durch Vorstadtstraßen heimwärts ging
Da war ein Wirtshaus
Aus dem das Licht noch auf den Gehsteig schien

Südländische Musik hört er und was passiert? Er wird eingeladen. Zu griechischem Wein. Der Refrain wird von dem Griechen gesungen, mit dem er am Tisch sitzt:

Griechischer Wein
Und die altvertrauten Lieder
Schenk' nochmal ein
*Denn ich fühl' die Sehnsucht wieder**

Es ist das Lied von der Ferne, das sonderbar ähnlich klingt, wenn die österreichische Kombo STS gut zehn Jahre später davon träumt, irgendwann dort zu bleiben. Bei den Griechen.

---

* *Udo Jürgens, »Griechischer Wein«, 1971*

Nach zwei, drei Wochen hab I's g'spuert
I hab das Lebensg'fuehl dort inhaliert
Die Gedanken drah'n si um
Was z'Haus wichtig war is jetzt ganz dumm
Du sitzt bei an Olivenbaum
Und du spielst da mit an Stein
Es is so anders als daheim[**]

Ich bin dort geblieben, allerdings nicht am Strand. Kein Mensch, der im Bergdorf lebt und arbeitet, verbringt den Tag am Strand. Entsprechend selten war ich in meiner fränkischen Heimat auf Besuch, war nur sporadisch dort, während meine Großmutter alt wurde. Ihr letztes Jahr verbrachte sie in einem Altenheim. Dort saß sie auf einem Stuhl, hatte nichts mehr zu tun und beklagte sich darüber. Bis fast ganz zuletzt war sie eine alerte, lebenskluge Frau. Dann aber ließen auch die kognitiven Kräfte nach – kein Wunder, wenn nichts mehr passiert. Bei meinem letzten Besuch erkannte sie mich nicht mehr. Aber nach einer halben Stunde bot sie mir erst das Du an. Dann erzählte sie mir von ihrem Enkel, so eine Art Streuner in ihren Augen. Neuerdings sei er als Gastarbeiter in Griechenland … Ich blieb noch länger und wenig später lichtete sich langsam ihr Schleier – alte Leute brauchen einfach mehr Zeit, ein Kurzbesuch zählt nicht. Nach etwa eineinhalb Stunden unterhielten wir uns völlig normal.

85. Grund

Weil es seit den Sechzigern mehr als nur eine Verbindung zwischen Griechenland und Deutschland gibt

Deutschland ist seit den Sechzigern auch Gegenstand griechischen Liedguts, die Verbindungen beider Länder wurden im Wortsinne

---

** *S.T.S., »Irgendwann bleib i dann durt«, 1985*

intensiviert: durch den zwischen Dortmund und Athen ab 1963 verkehrenden Hellas-Express, der hauptsächlich Gastarbeiter in die Heimat und zurück transportierte, sowie durch sein Gegenstück, den Akropolis-Express, der ab 1967 von München aus nach Thessaloniki fuhr und vor allem Touristen befördern sollte – mit 2.050 Kilometern und fast 38 Stunden Fahrtzeit der längste Laufweg eines Bundesbahnzuges überhaupt. Diesen »Akropolis-Zug« besingt Stratos Dionysiou mit *Sto Stathmo Tou Monahou* (Am Münchener Bahnhof). Es ist erstaunlich, aber wenn man von Pathos und Wortwahl absieht, dann ist er sich mit den Liedermachern deutscher Zunge sehr einig: Die Sehnsucht gilt Griechenland.

Dionysiou beklagt am Münchner Hauptbahnhof sein »schwarzes Schicksal« (i mavri moira mou / η μαύρη μοίρα μου) und seine unglückliche Mutter. Er singt von gefrorenen Herzen an Orten, an denen es immerzu dunkel ist …

86. Grund

Wegen dem Tomatenreis

Griechenland hat der Welt die Demokratie gegeben, die Logik und die Philosophie – und Deutschland den Tomatenreis. Jedenfalls kommt es einem so vor, denn überall, wo ein Grieche eine Taverne führt, kommen automatisch halbrunde Kugeln an Tomatenreis mit auf die ohnehin schon sehr vollen Teller. Da muss etwas grundsätzlich schief gelaufen bzw. falsch übersetzt worden sein. *Domatoriso* ist weder ein Gericht noch ein Rezept, sondern spiegelt lediglich die Gewohnheit wieder, Reis nicht in nacktem Wasser zu kochen, sondern in Substanz – einer Brühe, zusammen mit Lauch oder Kohl (*Prassoriso*, *Lachanoriso*) oder Spinat (*Spanakoriso*) – das Vorgehen stellt also eine Kochtechnik dar: Man nimmt immer das, was grad im Überfluss vorhanden ist oder bald zu vergammeln droht. Überreife Tomaten sind dabei nur eine Variante und das ist ja auch logisch, denn Reis schmeckt auf sich alleine gestellt nicht nach viel. In Deutschland dient er der Aufnahme von Soße, die das Fleisch stiften muss (und wenn es das gar nicht kann, dann wird nachgeholfen) – wenn das Fleisch aber vom Grill kommt, dann ganz ohne Soße und dann ist es äußerst sinnvoll, dass der Reis nach etwas schmeckt. Macht man in Italien mit dem Risotto auch nicht anders und scheint mir eher ein blinder Fleck der deutschen Küche zu sein. Was typisch ist und was nicht, das entscheiden die anderen. Und in Deutschland ist Tomatenreis typisch für die griechische Küche in Deutschland.

Ob es die Kunstgeschichte selbst ist, die Philosophie oder der Akropolis-Grill (mehr als fünfzig Tavernen in Deutschland heißen so), jeder bezieht sich auf seinen ganz eigenen Ausschnitt dieses jahrtausendealten Gebildes namens »Griechenland«: auf die zwei Wochen Sommerfrische etwa, die man jedes Jahr in der Hitze von Kreta verbringt, auf die Backpacking-Tour vor zwanzig Jahren, die so unverrückbar im Gedächtnis bleibt, oder auf eine Vorstellung von Freiheit, die auch irgendwie mit Griechenland zu tun hat. Wieder anderen ist Griechenland der Ursprung Europas und der Demokratie, der Hort philosophischen Denkens oder dionysischer Lebensfreude. Es sind ganz unterschiedliche Dinge, die da unter diesem einen Namen Platz finden, tausende Erzählungen, die um ihn kreisen wie die Gewitter um den Olymp. Griechenland, das ist deshalb mehr als nur ein Land, Griechenland ist eine Vorstellungswelt, ein weltgeschichtlicher Verschiebebahnhof, ein ganzer *Kosmos* aus Stadt, Land, Fluss, aus Insel, Berg, Dorf und Menschen. Und aus Tomatenreis meinetwegen auch.

Kapitel 7

Körnchen im Kosmos

87. Grund

Weil sich hinter jedem bekannten Geheimtipp mindestens ein richtig geheimer Geheimtipp verbirgt

Ich hoffe, Sie erwarten jetzt keine Liste an Geheimtipps. Würde ich eine liefern, dann wären diese ja keine mehr, logisch!

Wenn irgendwo in den Tiefen des in unzähligen Reiseblogs und -portalen ausgegossenen Internets eine Liste mit zehn Geheimtipps auftaucht, dann wurde diese in den allermeisten Fällen von schlecht bezahlten Autoren selbst ergoogelt. Das bringt also nicht viel. Die Grundregel müsste vielmehr lauten, alles, was auf irgendwelchen Listen steht, links liegen zu lassen und stattdessen die jeweils nächste Insel, die nächste Küstenstadt oder das nächste Dorf anzusteuern. Und genau das machen wir jetzt und schauen was dabei herauskommt.

Die nächste Insel von Thasos aus gesehen ist Samothraki: gebirgig, wasserreich, wild – kann man ja mal ins Auge fassen. Der nächste Finger der Chalkidiki ist Sithonia – hügeliger, grüner und weniger frequentiert als Kassandra. Nirgendwo steht geschrieben, dass es verpflichtend ist, von Litochoro aus in das Olymp-Gebirge zu gehen – man könnte auf die Idee kommen, dass es auch von der anderen Seite Wege und Möglichkeiten und kleine Dörfer gibt … oder gleich ins Pindusmassiv aufbrechen, unweit der albanischen Grenze. Da thront zwar kein Zeus, aber es geht immerhin auf fast 2.700 Meter hinauf und die Vikos-Schlucht übertrumpft die berühmte Enipeas-Schlucht am Olymp noch, allerdings nicht in Sachen Andrang.

Kennen Sie die Insel Karpathos? Die zweitgrößte der Dodekanes nach Rhodos? Hat gut 6.000 Einwohner und liegt nahe der kretischen Ostküste und verfügt auch ansonsten über alles, was eine griechische Insel so braucht: über die Überreste einer antiken Stadtanlage (Brykountos), über ein Dorf namens Olymbos, ein großes Volks- und Heiligenfest vom 28. auf den 29. August, über die Kapellen und Kirchlein von Menetes, über Fährverbindungen von und nach Kreta, über drei traumhafte Buchten bei Lefkos und leider auch über eigene Waldbrände. … Griechenland ist immer komplett, es fehlt nie etwas! Man muss nicht nach Kreta fliegen und sich an die Saison halten, man kann sogar erst Anfang November von Piräus aus übersetzen und sich irgendwo im Süden einquartieren, zum Beispiel im hübschen Paleochora mit seinen zwei Seiten der Sandseite und der Felsenseite – unweit der Lagune Elafonissi, die im Sommer hoffnungslos überfüllt ist. Was glauben Sie, was da im November los ist: Nichts.

Ich könnte diese Liste weiterführen (nun ist es aus Versehen doch eine geworden!), aber das bringt nicht so viel.

Mal ganz unter uns: Was uns mehr bringt, ist eine richtige Karte, eine Griechenlandkarte in großem Maßstab. Die kann man zuhause ausbreiten und sich die ganzen Geheimtipps selber zusammensuchen. Steht da alles drauf!

88. Grund

Weil die Kleinstadt Goumenissa so ein Geheimtipp ist …

Das Griechenland, das reiche, konfuse, direkte, zuweilen auch grobe, das man heute an den Stränden meist vergeblich sucht, wo man sich mit Souvlaki und Tafelwein abspeisen lässt – das Griechenland, das eine ganze Generation an Deutschen derart begeistert hat, dass sie sich in Scharen kleine Häuser mit Meerblick zugelegt haben, um an jenem Leben teilzuhaben, das zeitgleich schrittweise wegzog – »Der Tourist zerstört, was er sucht, indem er es findet« hat Hans Magnus Enzensberger dieses Phänomen einmal zusammengefasst – auch dieses Griechenland hat überdauert: Es ist dort erhalten, wo die Touristen größtenteils ausgeblieben sind, im Inland, in den Bergen und eben in der Kleinstadt Goumenissa.

Selbst auf Thasos oder in Thessaloniki verstand man nicht richtig – ob ich Igoumenitsa meinen würde und von dort nach Korfu wolle?

»Nein, nein: Goumenissa!«

Wo das denn sei?

»Na, in Makedonien!«

Und was ich denn dort wolle?

Wüsste ich doch auch noch nicht! … Ich sei eingeladen worden. Die *Griechische Zentrale für Fremdenverkehr* (Filiale in Frankfurt) wolle mich in meiner Eigenschaft als Journalist auf Entdeckungsreise schicken, neue Destination, die Dame am Telefon hatte gesagt:

»Paionia!«

Hatte ich nie gehört.

»Richtung Nordmazedonische Grenze, schon halb in den Bergen.«

»Ach, Kilkis?«

»Fast, andere Seite …«

Da wäre die berühmte Weinbauregion von Goumenissa (kannte ich nicht!), außerdem neu angelegte Hikingtrails rund um den Paiko-Berg (auch noch nie gehört!). Sehr grün, sehr wasserreich und kühl im Sommer – sogar Wasserfälle gäbe es! Sehr beliebt bei den Griechen selber. Das müsse mich doch interessieren …

Ertappt, es interessierte mich. Zumal es irrsinnig heiß war auf Thasos.

»Wir finden einen Termin«, beschloss die Dame.

In weiser Voraussicht habe ich nicht vorab bei der Redaktion angefragt, ob wir was über »Paionia, neue Destination« machen können. … ich frage prinzipiell immer nur dann an, wenn und sobald ich weiß, dass ich eine Geschichte habe und was für eine Geschichte ich da habe.

89. Grund

Weil man mit der Insel die Welt verlässt

Goumenissa liegt gleich zweifach ab vom Schuss: erstens nordwestlich von Thessaloniki, also nicht am Meer, sondern im Landesinneren, zweitens fern der Autobahn nach Nordmazedonien und beider Überlandstraßen, der über Polykastro nach Evzoni und der nach Giannitsa. Das Städtchen befindet sich jenseits der Schneisen, die der Tourismus schafft, *und* abseits der Verkehrsachsen, liegt inmitten der idyllischen Hügellandschaft einer Weinregion, am Fuße des Berges Paiko. Die Stadt ist real aber zugleich eine Chiffre, sie steht für das Hinterland, für die Tiefe Griechenlands und für jene ungefähr 80 % der reinen Landmasse, die kaum oder nur am Rande vom Tourismus betroffen ist. Im Gegensatz zum französischen Midi, zur italienischen Toskana oder dem Hinterland der Costa del Sol, ignorieren die Ausländer das griechische Inland fast vollständig und lassen sich immer nur in Meeresnähe nieder. Sonderbar, oder?

Wir hatten ausgemacht, dass man mich am Busbahnhof von Thessaloniki abholen würde – man, das war Maria Ena, eine Tourismus- und Destinationsmanagerin, die neben dem Kassandrafinger (der Schlimme!) der Chalkidiki sich auch des Paionia-Projektes angenommen hatte. Außer einem kurzen Blick auf die Website hatte ich ehrlich gesagt, keinerlei Anstrengungen unternommen, mich vorzubereiten – ich wusste ja nicht auf was. Ich war über zwei Monate ohne Unterbrechung auf der Insel gewesen, hatte mich während der Vegetationsperiode um die Wingerte gekümmert, also um Entlauben, Heften und Gipfeln – auf das Festland zu fahren war unerhört. Ebenso unerhört wie die Testpflicht, die es zu erfüllen galt, bevor es von der Insel wieder *runter*ging. Ich muss an dieser Stelle zugeben, dass ich erstmals von einem dieser Selbsttests Gebrauch machte, anschließend aber aufgrund des griechischsprachigen Beipackzettels nicht in der Lage war, das Ergebnis einzuordnen.

Eine Insel zu verlassen, ist wie die Welt zu verlassen – seinem eigenen Kosmos den Rücken zu kehren. Es hat etwas ganz und gar Unwirkliches, sich nach Monaten auf einmal auf den Weg zu machen, den soliden Inselboden zu verlassen, über eine Eisenplatte zu laufen, um sich von einem Schiff übersetzen zu lassen: zum Festland, diesem Koloss aus Wegen in alle Richtungen, diesem Geflecht aus Unübersichtlichkeit und Ausfallstraßen. Die frühmorgendliche Fährfahrt ist die allerschönste, das Licht fällt schräg, die Farben sind satt und die Temperatur noch einigermaßen sanft.

Spätestens in Thessaloniki ist die Illusion von sommerfrischer Idylle vorbei, es herrscht Kampf. Unter dem Kuppeldom des Busbahnhofs ist es zwar erträglich, aber es fehlt an Sauerstoff. Draußen wird schnell klar: Die Sonne ist dein Feind! 39 Grad steht auf der Anzeige, Helios steht noch nicht einmal im Zenit und versucht schon die Hirnzellen wegzuschmelzen – nach welcher Automarke soll ich Ausschau halten? Wie war nochmal die Farbe?

Jemand winkte durch die abgas-geschwängerte Saharaluft, es war Maria Ena. Mit dem blondierten Haar sah sie ein bisschen aus wie eine Gianna Nannini der Tourismusbranche. Ihr Englisch klang ebenfalls italienisch und die daraus entstehenden Kommunikationslücken würden uns noch zu schaffen machen. Das Auto war ein Ford, er hatte keine Klimaanlage und mit heruntergelassenen Fensterscheiben düsten wir in nordwestlicher Richtung aus Thessaloniki heraus, als ginge es durch die Achtziger. Maria Ena hatte alles geplant, alles im Griff – nur ich kannte das Programm noch nicht so recht. Journalistenreisen muss man sich so vorstellen wie Geiselnahmen: Die Agentur übernimmt die Kosten, der Journalist zahlt mit seiner Zeit.

90. Grund

Weil ein Präsident selten alleine kommt

Gut, schon Tagesordnungspunkt Eins hätte mich skeptisch machen müssen, denn Polykastro selber war bemerkenswert unbemerkenswert. Aus dem Wagen heraus hielt ich Ausschau nach touristischer Infrastruktur – Sie wissen schon, Wegweiser, Wegmarken – die Schilder der zwei verbliebenen Hotels stammten aus den frühen Neunzigern und außer Durchreise schien es keinen Grund zu geben, in Polykastro übernachten zu wollen. Das Städtchen ist jedoch das Verwaltungszentrum des ganzen Bezirks, und unsere erste Anlaufstelle war daher nicht der Einstieg in einen Hikingtrail oder ein Fotospot bei den versprochenen Wasserfälle, auch keine archäologische Ausgrabungsstelle von irgendwas, sondern das klimatisierte Büro des Regionalpräsidenten in Polykastro – so eine Art Oberbürgermeister. Da saß ich dann (etwas unpassend gekleidet) auf einer Ledercouch und wurde offiziell begrüßt und vorgestellt. Mit von der Partie war der lokale Tourismuspräsident (also Präsident Nr. 2), mit dem ich mich jedoch mangels gemeinsamer Sprache so gar nicht austauschen konnte. Ich weiß auch gar nicht, ob Austausch überhaupt vorgesehen oder für nötig befunden wurde, eher ging es, so zumindest mein Eindruck, um das Zeremoniell: Empfang des ersten internationalen Journalisten überhaupt. Ich war gewissermaßen Gast einer Premiere, wenngleich dafür unterschiedliche Drehbücher im Umlauf waren. Ich glaube auch gar nicht, dass irgendjemand glaubte, ich sei wirklich irgendwie wichtig. Ich glaube vielmehr, dass es für alle Beteiligten irgendwie wichtig war, dass es so schien, als sei ich wichtig. Und wissen Sie, jemand der so wichtig zu sein hatte wie ich, der konnte gar nicht einfach weiter nach Goumenissa reisen, ohne zunächst dem dortigen Präsidenten (Nr. 3) ebenfalls einen Besuch abzustatten!

Unterwegs landeten wir allerdings samt Tourismuspräsident noch an einem Osmanischen Bad – das ausgeschildert im Nirgendwo zwischen Polykastro und Axioupoli hinter Maschendraht den Elementen ausgesetzt ist. Der Tourismuspräsident schaute mich erwartungsvoll an. Ich nickte ihm aufmunternd zu und zückte vorsichtshalber die Kamera. Die moderne, bunt und ausufernd ausgestaltete, absolut sehenswerte Basilika von Axioupoli nahmen wir auf unserem Weg auch noch mit, wobei dort kein Präsident am Start war, sondern der Abt – bei dessen ausführlichen Erläuterungen ich leider weitgehend außen vor blieb, der Mann war einfach wissensmäßig dem Englisch meiner Begleitung überlegen.

Präsident Nr. 3 entpuppte sich zum Glück als wesentlich hemdsärmeliger als Nr. 1 und als Stelios mit Namen. Wir hielten uns keine Minute in seinem Büro auf, sondern begaben uns direkt an die Haupt-Platia von Goumenissa, um erstmal eine Taverne aufzusuchen und etwas Ruhe einkehren zu lassen. Zu dumm, dass der nächste Termin alle Gemütlichkeit zunichte machte und Maria Ena auf einen zügigen Aufbruch drang … ich glaube es ging zu einer ersten Weinverkostung von insgesamt dreien innerhalb der nächsten 36 Stunden, aber ganz sicher bin ich mir der genauen Reihenfolge nicht mehr.

91. Grund

Weil Goumenissas Weine Weltklasse sind, ohne Witz!

Ich war lange Zeit Weinhändler, habe mich also professionell mit Wein beschäftigt und muss sagen, dass das, was in und um Goumenissa geboten wird, Weltklasse ist. Ich fühlte mich ein bisschen zurückversetzt in die Zeit, wo man für sich persönlich die Weine des Bordeaux oder des Burgunds entdeckte, als man zum ersten Mal Pinot Noir verstand, nur weil man zuvor nie auf die Idee gekommen war, mehr als zehn Euro für eine Flasche Wein auf den Tisch zu legen. Neben der Feinheit der Rotweine (keine mediterranen Kraftprotze, sondern vielschichtige, elegante Ereignisse), der Komplexität der überproportional häufig als Naturweine und auf der Maische ausgebauten Weißen, verblüffte, dass die Weine von Goumenissa auf Halde liegen. Sie reifen im Keller, bis die Winzer es für an der Zeit halten, sie zu verkaufen. Das ist weltweit extrem selten geworden und allein dies rechtfertigt einen Besuch. Insbesondere mit dem Weinbauernclan der Familie Tatsis hatte ich viel Spaß, die waren mehr so drauf wie eine Rockergang oder Band und ich kann von Glück reden, dass wir uns verstanden. Genaugenommen war es an jenem ersten Abend bei den Tatsis, dass ich nach einem eher mäßig freundlichen Empfang und dank des perfekten Englischs der Tochter mitbekommen habe, dass mein Besuch der Familie ein bisschen aufgezwungen worden war und alle dachten, da käme jetzt so ein Depp, der keinen Plan hat.

Ganz kurz zum Hintergrund, damit Sie verstehen, was für eine rare Perle die AOP Goumenissa (geschützte Herkunftsbezeichnung mit Qualitätsstandards, griechisch POP bzw. *Prostatevomenis Onomasias Proelefsis*, erst 1979 gegründet) mit ihren roten Hauptrebsorten Xinomavro und Negoska darstellt: Im Anschluss an Griechenlands EG-Beitritt 1981 wurde die lokale Weinproduktion von der Bürokratie und Subventionsvergabe mehr torpediert als gefördert, indem man sich dafür ins Zeug legte, dass statt der autochthonen Rebsorten die international üblichen Verdächtigen angebaut werden: Chardonnay, Merlot, Cabernet Sauvignon. Alte Wingerte wurden aufgelöst, wurzelechte Reben herausgerissen: Vielfalt musste weichen, damit Einfalt neu gesetzt und obendrein extensiv bewässert werden konnte. Auch das ist ein Grund dafür, warum Alexander Heer auf Thasos alte Rebsorten anbaut: damit es sie weiterhin gibt. Was damals schon Quatsch war, erweist sich heute umso mehr als Schuss ins Knie, als dass Regionales und Besonderes inzwischen hoch im Kurs stehen und online zugänglich geworden sind.

Goumenissa aber ist eine Ausnahme, dort wachsen alte Bestände und daher werden Weine gekeltert, die einzigartig sind – und eben nicht in Konkurrenz mit der internationalen Mumpe stehen. Zeit, um noch weiter in die Tiefe zu gehen, haben wir an dieser Stelle nicht. Wir müssen hier die Weinprobe abbrechen, denn draußen warten schon drei Musiker, die uns mit einer Art Jazz aufspielen werden, denn dieser ist im Anschluss an den Durchzug französischer Soldaten in Goumenissa heimisch geworden.

Können Sie sie hören? Die aufgeregt tanzende Klarinette und den Rhythmus der Posaune? … Ich hoffe ich konnte Ihnen ein wenig vermitteln, wie es mir bei meiner Reise nach Goumenissa ging. Ich fühlte mich ein bisschen wie in den Informationsgewittern auf einer organisierten Rundreise. Die Eindrücke und geschichtlichen Neben- und Hauptsächlichkeiten stürzten nur so auf mich ein, ohne dass ich die Möglichkeit hatte, mich in der Gruppe zu verstecken und gezwungen war, mein uneingeschränktes Interesse pausenlos zu beweisen.

92. Grund

Wegen den Wasserfällen von Skra und überhaupt den Wundern der Welt

Allerdings waren wir, sehr zu meinem Bedauern, nicht direkt in Goumenissa einquartiert, gerne hätte ich mir die Stadt an einem Sommerabend näher angesehen. Stattdessen logierten wir in einem durchaus mondänen Hotelbetrieb ein paar Kilometer außerhalb und weiter oben in Richtung des Bergs Paiko, sodass einem die ganze Ebene zu Füßen lag und nachts von unten die Lichter schienen, von oben die Sterne funkelten. Zu weit weg, um noch hinunterzulaufen, aber ich war sowieso schon hundemüde, und das Programm würde am nächsten Tag ähnlich erbarmungslos weiter gehen.

Morgens war ich früh wach, suchte mir einen Platz an der Bar und öffnete meinen Rechner. Bei zwei oder drei Espressi versuchte ich Schritt zu halten mit den Erfahrungen, die einzelnen Punkte zu verbinden, Linien zu ziehen zwischen Polykastro, Axioupoli und Goumenissa. Aber schon der Blick hinunter zeigte, dass da keine waren: Weit entfernt im staubig-beigen Gelb der Ebene lagen die Fernverkehrsrouten, die Durchgangsstädte und der Lärm der Welt. Goumenissa aber lag zurückversetzt in einer Senke und inmitten der Wellen, die vom Paiko aus hinunter in die Ebene laufen, die der Berg mit Wasser speist. Wie Venen liefen die Straßen über die Wellen hinweg, strahlten in der Morgensonne.

Tag zwei führte in das Wellenland hinein, genauer gesagt bis hin zu einem Stausee, dem sogenannten Metallsee. Wir fuhren im Konvoi mit Präsidenten Nr. 2 und 3 über Staubpisten, weit jenseits aller Dörfer bis hinauf zur Ansiedlung Skra (Σκρα) auf 550 Meter. Das Dorf ist mit nur noch knapp 200 offiziell gemeldeten Einwohnern (die längst nicht alle präsent sind) so kompakt wie die Buchstaben seines Namens. Einer der Einwohner ist deren Präsident und den trafen wir natürlich: Nr. 4 hörte auf den Namen Stefano und hieß uns an der Platia (wo sonst?) willkommen – wir besichtigten erstmal das Dorfmuseum, denn Skra war 1918 der Schauplatz einer zweitägigen Schlacht gegen bulgarische Einheiten, die sich dort oben verschanzt hatten. Danach wieder Dorfplatz, Taverne, Umtrunk.

Stefano hatte lange in Deutschland gelebt, sprach also Deutsch, war quicklebendig und hatte Humor. Vor allem sprengte er die Gesamtsituation, indem er die anderen vorfahren hieß zum nächsten Punkt der Tagesordnung, er würde mit mir auf dem Motorrad hinterherkommen – und eine Melone mitbringen. Leuchtete mir unmittelbar ein: nichts wichtiger an solch einem Sommertag, als reife Melone zu essen! Gesagt, getan und so zeigte mir Stefano erstmal sein Haus und das obere Dorf, wir saßen auf ein Bier auf der Terrasse, bevor wir samt gekühlter Melone hinüberdüsten zu etwas, was sich als ein echtes kleines Wunder entpuppte: die Wasserfälle von Skra.

Auf dem Weg hinunter holten wir die anderen ein, verloren sie aber gleich wieder, denn Stefano ließ es sich nicht nehmen, mit mir durch die Kalkbassins der Kaskaden bis ganz hinauf zu steigen, einen guten Kilometer quer durch dichten Wald. Ich kam aus dem Staunen nicht mehr heraus, es war August und außer ein paar Ausflüglern, die picknickten, war keiner dort, kein einziger Fremder, kein Tourist, geschweige denn eine Reisegruppe. Obwohl es allen Grund dazu gab. Wir schnitten die himmlische Melone an. Mich beschlich ein Gefühl von Unwirklichkeit, von Traumgeschehen, zu schnell und zu groß waren die Kontraste, zu mächtig das über hundert Stufen und Bassins, in hundert Rinnen und Wasserfällen herabstürzende Nass. Zu grün die Bäume, zu freundlich Stefano, der hoffentlich allerletzte Präsident in meiner Sammlung, zu schnell unser Auf- und Abstieg in das und vom Wunder. Ein Fenster hatte sich geöffnet in eine andere Welt. Woanders wäre all das abgesicherter, es gäbe Warnschilder und keine glitschigen Holzbrücken, keine halb überfluteten Stege und in die lagunenartigen Becken springen dürfte man auch nicht, Picknicken nur auf dafür ausgezeichneten Flächen. Es stimmt nicht, dass alles schon entdeckt ist, dass es überall, wo es schön ist, auch voll sein muss. Es bleibt noch genügend übrig, es gibt noch ausreichend Ecken, die nicht verkauft sind, die keinen Eintritt verlangen.

Am Abend war dann noch Vollversammlung, in einem weiteren Weingut über das ich den Mantel des Schweigens breiten möchte. Selbst der Ober-Präsident (Nr. 1) war zugegen und als auch ich eine kleine Ansprache halten sollte, da war es möglich, diese folgendermaßen zu beginnen, mich dem jeweils Gemeinten zuwendend: »Verehrter Präsident, lieber Präsident, sehr geehrter Präsident, Presidente Stefano ...« Ich hatte in der Tat etwas zu sagen, es lief auf touristische Infrastruktur hinaus, die es braucht, um überhaupt Menschen anzuziehen – mein Beispiel waren die vielen Picknickpavillons, die mir aufgefallen waren, sowohl unmittelbar außerhalb Goumenissas als sogar mitten in den Bergen. Damit und zusammen mit der Weinproduktion sowie dem sonstigen kulinarischen Angebot könne man doch etwas anfangen ... Wollte aber keiner hören, niemand stieg darauf ein. Stefano sagte mir später am Abend: »Schau: hier geht es doch um nichts, die wollen sich feiern und ansonsten ihre Ruhe!«

93. *Grund*

Weil Meraki der Schlüssel ist

Aufgrund des späten Beginns, der Reden und Vorstellungsrunden, der griechischen Dynamik im Allgemeinen und der Notwendigkeit ausführlichen Schaulaufens im Besonderen, der willkommenen Unterbrechung durch das Weinprobieren, durch längere Darbietungen von Livemusik sowie eines mitternächtlichen Buffets, wurde es sehr spät. Ich erinnere mich nicht mehr daran, mit wem und wie wir überhaupt zurückgefunden haben, jedenfalls wurde das Vormittagsprogramm gestrichen: Für Paiko und die Hikingtrails sei schlicht keine Zeit mehr, zumal Präsident Nr 3. – stimmt! Es war der Goumenissa-Präsident, der uns im Kleinwagen zurückbefördert hatte: Stelios! –, der eigentlich die Führung übernehmen wollte, keineswegs so früh zur Verfügung stehen würde. Wir mussten also diesen Programmpunkt überspringen, um direkt gegen elf Uhr beim nächsten und letzten Weingut aufzulaufen und dem Grandseigneur des Anbaugebietes, Herrn Chatzivaritis, einen Besuch abzustatten. Anschließend würde das offizielle Programm enden und Maria Ena mich nach Thessaloniki zurückbefördern, wo man mir für die folgende Nacht ein Hotelzimmer gebucht hatte. Die Absurdität dessen, dass ich also ausgerechnet den Gott der Gegend, den Lebens- und Wasserspender, den Paiko verpassen sollte und außerdem quasi bis auf ein Mittagessen nicht in Goumenissa gewesen war, war mir irgendwie egal, denn inzwischen überwogen Fluchtgedanken und die Vorfreude auf Freiheit.

Das Ansinnen, in irgendeiner Weise einen Artikel verfassen zu können, hatte ich am vorhergehenden Abend beiseite geschoben – einen Artikel worüber? Über eine kleine unbekannte Verwaltungsregion namens Paionia, die sich mit EU-Mitteln eine Website leistete und eine Destinationsmanagerin eingestellt hatte, der es wiederum gelungen war, kurzfristig über das Tourismusbüro einen Journalisten zu organisieren, welcher wiederum wie eine Trophäe herumgereicht wurde? Am Vortag hatten wir unterwegs an irgendwelchen Weinbergen angehalten, Rebzeilen mit reifenden Rotweintrauben. Ich war angehalten worden, die Reben zu fotografieren, sodass man mich fotografieren konnte, wie ich die Reben fotografierte, um das Resultat auf Facebook zu teilen.

Die Begegnung mit jemandem wie Chatzivaritis jedoch wischt jeglichen Unmut binnen Sekunden fort. Der hagere Mann ist eine Erscheinung und eine Instanz, sein Weingut liegt ausgestreckt wie ein Filmset inmitten weitläufiger Rebgärten, die einzelnen Zeilen wogen über die Ausläufer des Paiko. Chatzivaritis ist die Ruhe selbst, wie fast alle Weinmacher ergeht er sich nicht in Beschreibungen von Aromatik, sondern erzählt von dem Wirken der Zeit, von den Böden, den Eigenarten der Rebsorten, den jahrelangen Experimenten und den Ergebnissen. Und wie fast immer lassen sich im Glas Parallelen zur Winzerpersönlichkeit finden, die Eleganz, die Unaufdringlichkeit, die Klarheit, die Struktur. Jemand wie Chatzivaritis und eine Gegend wie Goumenissa verdienen mehr Zeit, als ich sie mitgebracht hatte. Der Schnelldurchlauf widerspricht der Geisteshaltung der produktiven Menschen, der Produktion selbst und dessen, was das jeweilige Produkt automatisch davon widerspiegelt. Chatzivaritis hat einen Begriff dafür, er spricht von *Meraki*. Dies ist mit Hingabe wohl am besten übersetzt, aber ganz reicht das noch nicht aus. *Meraki* ist eine Haltung, die alles durchdringt. Sie bedeutet, eins zu sein mit dem, was man tut und mit der Art und Weise, wie man es tut. Genauso wie die Tatsis, die Musiker oder ein Hefezopf-Bäcker oben am Paiko. *Meraki* meint Beseeltheit, Schöpfertum und Aufgehen im Tun zugleich, nach Außen äußert sich dies durch ruhigen Stolz, Selbstwert durch Arbeit, durch Vertrauen in das eigene Schaffen, das gerne herzeigt, aber gar nicht erst zu überzeugen versucht. Es geht um Werte, nie um den Preis. Im *Meraki* liegt der Schlüssel nicht nur zu Chatzivaritis' Weinen, sondern zum Selbstbewusstsein einer ganzen Gegend – es spiegelt nicht weniger als ein unentfremdetes Verhältnis zur Arbeit.

Wir waren dann doch noch hinaufgefahren zum Berg Paiko, also ins Hinterland des Hinterlandes, um unterwegs einen Bäcker zu besuchen. Dessen Spezialität sind Hefezöpfe. Die Hefezöpfe entsprachen optisch jenen meiner Heimat, dennoch willigte ich ein, einen zu erstehen. Der Bäcker erfuhr, dass ich bald nach Deutschland zurückkehren würde, unter anderem um meiner Mutter einen Besuch abzustatten. Ja, dann solle ich ihr doch auch einen Hefezopf mitbringen, sagte der Bäcker und packte einen zweiten ein – einen mit Maronencreme im Inneren. Ich bedankte mich höflich für das Geschenk und wollte den ersten zahlen. Durfte ich aber nicht. Ich durfte gar nicht zahlen, kam nicht in Frage. Nicht als Kunde war ich in den Laden kommen, sondern als ein Besucher, den er in Form eines Geschenkes an seiner Arbeit teilhaben ließ. Aus Stolz: »Nur wenn du wiederkommst, bist du Kunde, dann darfst du auch einen kaufen!«

94. Grund

Weil Entführungen zur Freiheit verhelfen können

Wir, das waren Maria Dio und ich. Maria Dio war aufgetaucht, als wir draußen bei Chatzivaritis saßen, hatte sich als die Besitzerin eines – des einzigen – Hotels von Goumenissa vorgestellt und sich erstaunt gezeigt, dass ich den Paiko bislang nur aus der Ferne gesehen und das Zentrum Goumenissas immer nur auf dem Weg von A nach B passiert hatte. Später stellte sich heraus, dass Maria Dio vom Besuch des Journalisten gewusst und diesen live auf Facebook verfolgt hatte (ich muss dort sehr präsent gewesen sein in jenen Tagen), um schließlich zu befinden, dass der Kerl die Kontaktaufnahme wert sei, obwohl diese seitens der Gesamtorganisation ganz offensichtlich weiträumig umfahren worden war. Daher auch ein gewisser Stimmungsabsturz am Tisch als Maria Dio vorschlug, ich solle doch noch bleiben, Zimmer könnte sie stellen, Zeit um ein paar Runden zu drehen, hätte sie auch – sonst seien keine Gäste da, Pandemie!

Ich wandte mich an Maria Ena, bat darum, das Hotel in Thessaloniki zu canceln und beförderte anschließend mein Gepäck vom einen ins andere Auto. Das offizielle Programm war zu Ende, ich konnte tun und lassen, was ich wollte. Ich war frei. Allerdings klingelte Maria Dios Mobiltelefon, als wir das Zentrum von Goumenissa gerade erreicht hatten: Es war der Präsident des Tourismusverbandes, also Nr. 2. Er drohte Maria Dio aufgrund der Entführung des deutschen Journalisten mit der Polizei, ungelogen. Wir fuhren daraufhin bei der Polizei vorbei, nur um zu sehen, ob etwas vorlag, ein Fahndungsaufruf oder so. Ich wiederum gab dort zu Protokoll, mich nunmehr freiwillig, auf eigene Faust und mit offenem Abreisetermin in Goumenissa aufzuhalten.

95. Grund

Weil Kosmos einen Plural hat und jeden Abend stattfindet

Mir scheint, es verhält sich ungefähr so: Die Griechen und ihre deutschen Gäste streben nach zwei grundsätzlich unterschiedlichen Zuständen, welche nur an entgegengesetzten Orten verwirklicht werden können. Die deutschen Griechenlandfahrer suchen Ursprünglichkeit und Entspannung weit weg vom Lärm der Welt – sie wollen sich absondern, am liebsten auch von ihresgleichen. Finden sie einen Fleck, der dies gestattet, dann gilt er ihnen als authentisch und sie werden noch wochenlang davon schwärmen. Die meisten Griechen hingegen würden genau von dort sofort fliehen. Das in diesem Sinne Authentische empfinden sie im besten Falle als langweilig. Sie sind lieber dort, wo sich der Kosmos aufhält. Während unsereins Abgeschiedenheit sucht, Ruhe und Ursprünglichkeit, zieht es die Griechen wie die Motten zum Licht.

Kosmos bedeutet jedoch nicht Universum oder Weltall auf Griechisch, sondern so etwas wie Ordnung bzw. Weltordnung – das erkennt man schon daran, dass der Begriff einen Plural hat: *Kosmoi*. Es geht also um die dem Universum innewohnende Ordnung, um die Anordnung und Dichte der Dinge, um Welthaltigkeit. Und da diese sich aus Menschen ergibt, existiert in ganz Griechenland nur ein Ort, wo die Welt voll ist, komplett im Sinne von Kosmos, und wo so richtig was los ist: die Platia. Dies gilt im Dorf wie in der Stadt.

Goumenissa hat gleich drei davon, drei Platias. Sie sind wie mit dem Geodreieck angeordnet: Die große mit dem Brunnen und die zweitgrößte mit der riesigen Platane bilden die Hypotenuse, die Katheten laufen bis hinunter zur kleinsten. Dieses Dreieck ist der Kosmos, hier spielt sich das Leben Goumenissas ab. Und wenn man Griechenland oder Goumenissa besucht, dann gilt es zunächst in den Kosmos einzutauchen. Die drei Plätze, der große mit dem Brunnen, der mittlere und der kleine, die Platanen, die kleinen Läden, das ist der Kosmos von Goumenissa. Alle Straßen, wirklich alle, führen zu einer der drei Platias, am Kosmos führt also kein Weg vorbei und niemand passiert ungesehen das Zentrum des Städtchens. Aber was heißt schon Zentrum? Die Stadt ist so kompakt, dass sie in gut zehn Minuten durchschritten ist, die alte Seidenfabrik und das Gartenviertel inbegriffen.

Das Gartenviertel grenzt unmittelbar an die kleinste Platia und es ist das einzige, das Lücken zwischen den Häusern lässt, Grünstreifen und Gärten, wiewohl die Häuser selbst nicht aus einem Guss sind, sondern in Etappen erbaut. Es ist auch das Viertel der Musiker, die Heimat von Blechbläsern, die französische Melodien mit Balkanrhythmen vermählt haben, zu Hochzeiten aufspielen oder sich ganz ohne Anlass versammeln. Wir spazieren abends durch das Viertel und lauschen einer fernen Probe. Maria Dio erwähnt, dass es zwar eine offizielle *Gypsy Brass Banda* gäbe, die Bewohner jedoch jegliche ethnische Einordnung ablehnen und als *Goumentziani* bezeichnet werden wollen, wie alle anderen im Kleinstadtkosmos auch.

Irgendwie musste ich Ordnung in meine Gedanken bringen und wollte das Hotelzimmer nutzen, um Notizen zu sichten und die letzten Tage Revue passieren zu lassen. Gegen zehn Uhr abends saß ich schließlich am Schreibtisch, um elf aber war ich schon wieder auf der Straße, ging hinunter über die Haupt-Platia bis hin zu einer Bierbar, die mir Maria Dio empfohlen hatte. Es war unmöglich, abgesondert drinnen zu sitzen, während sich draußen der Kosmos traf, um bis ein oder zwei Uhr nachts die relative Kühle der kleinen Stunden zu genießen. Ich fühlte mich als Körnchen und komplett nur mitten im Kosmos.

96. Grund

Weil Wasser alles ist

Auf der Haupt-Platia von Goumenissa steht ein Brunnen wie ein Altar. Französische Soldaten haben ihn während des Ersten Weltkriegs errichtet, genau dort, wo zuvor schon eine Wasserstelle war. Kalt und dick fließt der Strahl ohne Unterlass. Maria Dio macht sich Sorgen um Wasserverschwendung, aber wie kann man etwas verschwenden, was doch ein Kreislauf ist? Wasser ist das Produkt des Berges, die Bäche des Paiko speisen das Leben der Menschen. Erst wenn dort oben der Regen nachlässt, der Wasserpegel sinkt, wird es unten knapper und Sparsamkeit wäre sinnvoll. Noch ist dem nicht so, noch herrscht im Wortsinne Überfluss. Das Naturbad außerhalb der Stadt, ein breites Becken mit Einstieg und Wassersperren, ist ein ebenso sagenhafter Luxus wie die Spazierwege zwischen den zwei Flüssen. Genauso auf Thasos: der Reichtum ist das Wasser, die wasserführenden Schichten vom Festland. Oder Korfu: Wo Winter und

Frühling ausreichend Niederschlag bringen, um die Insel ein ganzes Jahr über zu nähren.

Noch während ich in Goumenissa bin, bricht die ganz große Hitzewelle über Griechenland herein, rollt sich langsam über das gesamte Land. In Goumenissa wird es noch heißer, über der Apotheke blinkt ein Schild mit der aktuellen Temperatur. Noch während man frühmorgens seinen Kaffee trinkt, kann man den Anstieg live verfolgen. Aber die Gegenwart des Wasser lindert all dies, schon unter den Stadtplatanen ist es um einige Grad kühler, an den Fließgewässern und in den Flussauen spürt man die Hitze deutlich gemildert. Und oben auf dem Berg, im Hochland, taucht man in ganz andere Gefilde wie in kühlendes Nass ein, verschwindet in einer Welt jenseits der Welt.

97. Grund

Wegen dem Wildwechsel am Berg Paiko und den nächtlichen Lichtern

Erst ist es ein Fuchs, der über die Straße zieht, dann ein Marder, ein Dachs und schließlich zwei Rehe. Sogar Mäuse sehen wir vom Asphalt fliehen – insgesamt zählen wir elf verschiedene Begegnungen mit Wild in großer oder kleiner Form. Ich kann mir das nur mit dem aufgewärmten Asphalt erklären und dass die gesamte Tierwelt diesen nachts nutzt, wenn kaum ein Auto mehr fährt. Wieder diese Lichter, dort unten in der anderen Welt, die Insel Goumenissas, die Flecken der Dörfer und der Lichtstrom weiter unten im breiten Tal.

Wir kommen zurück vom Paiko, hatten es gut eine Stunde vor der Dämmerung auf einen der bereits erwähnten Hikingtrails geschafft, der links und rechts eines Flusslaufs durch erstaunlich dichte Vegetation führt, durch mächtigen, ursprünglichen Wald und über sattes Gras. Über die Dörfer Griva und Kastaneri war es in weiten Kurven immer höher gegangen, entlang an weitläufigen Kastanienhainen, bis einen irgendwann das Hochland zwischen den Paikogipfeln verschluckt hatte. Bevor die Dunkelheit komplett war, hatten wir es zurück zum Auto geschafft und fuhren weiter in die Hochtäler hinein, landeten in erstaunlich kühler Luft im Ort Livadia – was nichts anderes als »Wiese« heißt, aber eigentlich »Großwiesental« heißen müsste. Fast alles ist dunkel, kaum ein Licht brennt und auch Straßenbeleuchtung gibt es kaum mehr, einzig die Taverne ist drinnen und draußen voll erleuchtet – aber was heißt Taverne, ein traditionelles Gasthaus ist es, ein Xenonas (ξενώνας), denn oberhalb des riesigen Speisesaals mit offenem Feuer befinden sich die Zimmer, mit alten Schränken und rustikalen Betten so eingerichtet, dass man schon vom Anschauen aus der Zeit fällt.

Die schiere Größe des Gebäudes ist der einstigen Funktion als Gemeindeverwaltung geschuldet, der jetzige Besitzer, Betreiber und Koch hat es gekauft und zusammen mit einem Kompagnon ausgebaut. Er stammt aus Thessaloniki, muss dort sein Geld mit Nachtclubs und Spielautomaten gemacht haben, bis er gründlich die Nase voll hatte und sich auf den Paiko zurückzog, in den Wiesengrund seiner Kindheit und Jugend. Nach Thessaloniki zieht es ihn nicht mehr, nur noch nach Goumenissa und Axioupoli, wo er Freunde trifft und lange beim Kaffee sitzt. Natürlich habe er auch im Winter offen, gibt er mir Auskunft, und in mir reift die Idee, dort eines Tages hinaufzugehen und zu verweilen. Wieder ist es spät geworden, wir müssen los. Wenn wir noch später aufbrechen, dann verpassen wir den nächtlichen Kosmos in Goumenissa, der nur noch ein paar Stunden tagt. Und das kann nicht sein, mindestens vorbeischauen müssen wir noch, um den Tag rund zu machen, den Kreis zu vervollständigen.

98. Grund

Weil es mit einem einzigen Besuch nie getan ist

So kam der Tag des Aufbruchs und es war nichts weiter zu tun, als in den Bus nach Thessaloniki zu steigen. In der Mittagshitze schmolz die Erinnerung an den letzten Abend, an die Kühle des Berglands, an all die Wasser Goumenissas – das stetige Plätschern von Brunnen oder Bachläufen, auch die mächtigen Bäume verblassten zum Traum. Der Bus ließ die alte Seidenfabrik links liegen, nahm Anlauf und fuhr über eine Anhöhe. Goumenissa lag hinter mir und vor mir zugleich, denn was konnte ich anderes tun, als den Ort auf meiner inneren Landkarte einzutragen: als einen weiteren Fleck Erde, den ich wieder und wieder besuchen würde. Mit einem Besuch ist es nicht getan, ein Aufenthalt bereitet nur den Boden für ein Bild. Der wahre Luxus am Reisen ist das Wiederkommen – wenn man schon weiß wohin, wenn die Koordinaten schon abgesteckt sind, die drei Platias schon besucht. Das Gleiche gilt für Skra – wie lange war ich dort, zwei, drei Stunden? Eine Woche mindestens muss man da mal hin … Ich saß im Bus und erinnerte mich an eine Berliner Freundin, die jedes Land nur einmal besucht und eine ganze Reihe in ihrer Sammlung hat. Mir selbst fehlt, glaube ich, jegliche Fähigkeit, etwas auch nur im Ansatz Ähnliches zu erledigen, mir tun sich stattdessen ungeahnte Tiefen auf. Ich bin dankbar dafür, und ich bin auch dankbar für die Zufälle und die Umwege, die dorthin führen, wo ich gerne bin. Sie gehören dazu.

Vor dem Bus erschien das braunbeige Flachland der Verwaltungseinheit Paionia, in der Ferne lag langgestreckt die Gemeindehauptstadt Polykastro – oberhalb des Flusses Vardar, der aus Skopje kommt und hier Axios heißt. Das ganze breite Tal ist eine einzige Achse – hier führten über Jahrtausende die Routen von Handel und Armeen entlang, keine Zivilisation, die hier nicht in irgendeiner Art und Weise Zeugnisse hinterlassen hat. In Thessaloniki zeigte das Thermometer 42 Grad Celsius an, die Saison der Waldbrände würde in wenigen Tagen beginnen und ganze Gemeinden, ganze Inseln verheeren.

Kapitel 8

Nur so eine Idee

99. Grund

Weil die Griechen in erster Linie Menschen sind, und nur in zweiter Linie Amtsträger, Beamte oder Befehlsempfänger

Ich war umständehalber etwas spät dran und überschritt im Frühjahr des Jahres 2021 die Grenze nach Griechenland zu Fuß. Vom mazedonischen Skopje war ich mit dem Zug bis an die Endstation gefahren, ließ mich von einem Taxi zu den mazedonischen Zöllnern chauffieren und checkte aus. Den Zug, der Skopje mit Thessaloniki verbinden soll, den hatte es schon vor der Pandemie nicht wirklich gegeben, der war immer nur sporadisch gefahren. Anschließend lief ich die Autobahn entlang bis hin zur griechischen Grenzstation. Die Straße fiel gen griechischen Grenzübergang kilometerweit ab und die Sonne war fast schon sommerlich. Es gab kaum Verkehr und schon gar keinen öffentlichen, denn es war der erste oder zweite Tag, an dem die griechischen Grenzen überhaupt wieder offen hielten. Ich hatte alles dabei, was man so brauchte, diese *Passenger Locator Form*, die elektronische Bestätigung und ein negatives Testergebnis, das ich keine 24 Stunden zuvor in Skopje erhalten hatte. Dennoch dachte ich, während ich in der südlichen Frühjahrssonne entlang des dreispurigen Asphalts lief: »Und was, wenn sie mich nicht reinlassen?« Ein einziges Zöllnerhäuschen hatte geöffnet und davor hatte sich eine Schlange an PKW gebildet – was war zu tun? Musste ich mich hinter einem dieser PKW einreihen, oder durfte ich einfach vorbeilaufen. Dummer Gedanke, natürlich vorbeilaufen. Irgendwelche Privilegien muss ein Fußgänger doch haben. Ich lief direkt auf ein weiteres Zollhaus zu, gegenüber der Autos und im Hauptgebäude … »Kalimera! Ti kanis? Ola kala!« … meine PLF wurde besehen, darauf das Verkehrsmittel »Zug« ausgemacht und ich sodann zum Schnelltest geschickt, könnte ja sein, dass ich mich gerade irgendwo angesteckt hatte und eine massive Virenlast einschleusen würde.

Der Grenzer notierte meinen Vornamen, nur meinen Vornamen, auf ein winziges Stück Papier und legte enormen Wert darauf, dass er die Punkte über dem »Ö« richtig setzte. Mit dem winzigen Zettel in der Hand und dem Rucksack auf dem Rücken lief ich zur mobilen Testkombo, die sich als gutgelaunte Nachwuchsmediziner aus Thessaloniki entpuppten. Stäbchen rein, Stäbchen raus, kurz warten, Haken hinter den Namen auf dem Zettelchen, wieder hinüber zum Zoll, der Zoll: »Alles gut, kannst gehen, musst aber noch zum Zoll.«

»Ach, du bist nicht der Zoll.«

»Nein, ich bin nur der Pass.«

Ich habe die Angewohnheit, den Zöllnern so schnell und präzise wie möglich zu erläutern, was sich wo in meinem Rucksack befindet. Dies führt meist dazu, dass ich ihn nicht öffnen muss: »Da ist ein Computer und eine Kamera, unten ein Ein-Mann-Zelt, an der Seite ein paar Vorräte … ach und oben in dem separaten Fach ist eine Taschenlampe und so Kram sowie sieben oder acht Packungen Zigaretten.«

»Zwei sind erlaubt.«

Ich war ehrlich überrascht:

»Aber ich hab' doch extra nachgesehen, da stand was von 10! 200 Zigaretten.«

»Ja, mein Freund. Aber im Flugzeug, nicht über Land.«

Sonst würde nämlich jeder zig Mal am Tag nach Mazedonien fahren, wo selbst die Markenzigaretten pro Packung nur einen Euro kosten, statt drei oder mehr in Griechenland.

»Und jetzt?«

Der Zöllner behielt die Arme hinter dem Rücken verschränkt und machte überhaupt keine Anstalten, auch nur eine meiner diversen Rucksackfächer zu öffnen, geschweige denn, etwas herauszunehmen und zu konfiszieren, er lächelte:

»Alles gut. … Jetzt gehst du deiner Wege! Gute Reise!«

Auf der anderen Seite der Grenze war eine Bar, sie hatte geöffnet. Ich setzte den Rucksack ab, jetzt musste ich schauen, wie ich weiter kam. Der Kellner trat an den Tisch und brachte erstmal ein Glas Wasser, bevor er die Bestellung aufnahm. Ich war im Süden, ich hatte den Süden des Südens erreicht, wenngleich es nur der Norden Griechenlands war, glorreiches Land, elysischer Hain: Aber jetzt galt es, sich erst einmal nach Thessaloniki durchzuschlagen. Busse fuhren keine – die, die über die Grenze kamen, hatten Passagierlisten dabei und auf denen stand ich nicht drauf. Ich musste per Anhalter weiter, ein deutscher Camper nahm mich schließlich mit. Irgendwo im Osten Thessalonikis ließen sie mich raus, wollten selbst weiter auf die Chalkidiki: die ersten Urlauber in diesem Jahr, die allerersten. Die Linienbusse Thessalonikis fuhren normal, die Menschen trugen Maske, Läden und Restaurants hatten geöffnet.

100. Grund

Weil sich heute noch trefflich über antikes Erbe streiten lässt

Ich war also mitten in der Pandemie aus dem Staat Nordmazedonien in die griechische Region Makedonien gereist – wobei sich der Staat Nordmazedonien erst nach jahrezehntelangen Streitigkeiten mit dem griechischen Nachbarn auf diesen Namen hatte einigen können. Zunächst hatte sich die ehemalige Teilrepublik einfach weiter so genannt, wie sie innerhalb des jugoslawischen Gefüges geheißen hatte: Mazedonien. Das aber ließ sich international nicht durchsetzen, weil Griechenland dagegen opponierte und den jungen Staat blockierte, wo es nur ging.

Mazedonien wurde darum offiziell gar nicht Mazedonien genannt, sondern FYROM, *Former Yugoslav Republic of Macedonia*. Der Grund: Griechenland beanspruchte gewissermaßen die alleinigen Nutzungsrechte des Namens, die angrenzenden griechischen Regionen Zentral-, Ost- und Westmakedonien seien das eigentliche

Makedonien, das mazedonische Mazedonien eine kommunistische Erfindung. Das Gebiet des antiken Königreichs Makedonien umfasst aber in der Tat beide Landstriche, den griechischen auf der einen, den südlichen mazedonischen auf der anderen Seite. Nun können leider diejenigen, um deren Erbe es geht, nicht schlichtend eingreifen, denn die antiken Makedonier, von denen der bekannteste Alexander hieß, hatten zwar zunächst ein kleines Weltreich errichtet, anschließend aber die berühmten Diadochenkämpfe ausgefochten, sich dann ein bisschen hellenisieren lassen, um schließlich im römischen Reich sang- und klanglos aufzugehen und historisch nie wieder in Erscheinung zu treten.

Mazedonien ist vermutlich der einzige Staat, von dessen Flagge zwei Varianten in Umlauf sind. Die erste, Gelb auf rotem Grund, wurde in aller Eile entworfen, indem man sich des Sterns von Vergina besann, dem Emblem des einstigen makedonischen Königshauses. Dieser aber ziert ebenso die inoffizielle Fahne der griechischen Region Makedonien, auf blauem Grund, denn nah ist die See. Daher forderte Griechenland im Gegenzug zur Anerkennung des neuen Nachbarstaates, dieser möge bitteschön Abstand nehmen von der Verwendung originär griechischer Insignien. So geschah es, dass der Stern gestreckt und modernisiert wurde, die neue Sonne weist nur noch acht statt der überlieferten 16 Strahlen auf und könnte auch über einem asiatischen Inselstaat im Wind wehen. Aber beim Namen blieb man standhaft.

Man könnte das als Kinderei oder als schlicht bizarr abtun, den beiden Seiten ist es jedoch bitterernst. Auf griechischer Seite befürchtet man Gebietsansprüche und fühlt sich der eigenen Geschichte beraubt, wenn der Flughafen von Skopje auf einmal umbenannt wird in Alexander-der-Große-Flughafen.

Auf mazedonischer Seite zog man über zwei Legislaturperioden alle Register bis hin zur Geschichtsfälschung, um vor sich selbst und vor anderen als »Nation« zu bestehen. Obschon Mazedonien ein Land der ethnischen und religiösen Vielfalt ist (etwa 25 % der

Mazedonier bezeichnen sich als Albaner, orthodoxes Christentum und sunnitischer Islam sind die Hauptreligionen, in den westlichen Bergen gibt es bosnischsprachige Dörfer der Minderheit der Goranen) und es in der Tat Josip Broz Tito war, der es sich einfallen ließ, die südlichste Provinz seiner Föderation, die *Vardarska Banovina*, zur sechsten Teilrepublik zu machen, auf den Namen *Mazedonien* zu taufen und hinfort den Mazedonismus nach Kräften und mit der passenden Ideologie zu fördern, wenn nicht aus der Taufe zu heben.

Vor ein paar Jahren hatte ich mich länger in Skopje aufgehalten und nicht schlecht gestaunt ob der monströsen Monumente, die mit der damaligen nationalkonservativen Regierung in die Stadt gelangt waren. Bis heute sucht man vergeblich nach Gespür für Proportionen und Verhältnismäßigkeit. Alexander der Unvermeidliche thront übergroß in Bronze und zu Pferde, der Brunnen unter ihm wird abends illuminiert, die Fontänen tanzen zu klassischer Musik. Dorische Säulen an neugebauten Regierungsgebäuden sind Pflicht, selbst ein Triumphbogen wurde in der Mitte der Stadt installiert, wobei als einzig möglicher Triumph, an den hier erinnert werden soll, die Errichtung des Triumphbogens selbst in Frage kommt. Das ebenfalls neue Nationalmuseum ist alles andere als unabhängig, meine eher links-alternativ einzuordnenden mazedonischen Begleiter haben betreten zu den Ausführungen des von der Regierung bestellten Museumsführers geschwiegen. Es blieb meine Aufgabe, scheinbar naive Fragen zu stellen. Ob nicht unter diesen ganzen Widerstandskämpfern auch ein Albaner gewesen sei, vielleicht sogar ein Rom?

»Nein, nein, das sind alles Mazedonier.«

Wie denn die Karten zu verstehen wären, auf denen das »mazedonische« Gebiet weit über den jetzigen Staat hinausginge? Da aber roch der Museumsführer Lunte und wurde vorsichtiger, verstand es jedoch nicht, historische Zusammenhänge als solche zu benennen. Alle Fäden laufen im Jetzt zusammen, die Geschichte dient der Legitimierung der Gegenwart, erstere muss sich der letzteren anpassen.

Ich erinnere mich, dass ich richtiggehend wütend wurde, aufgrund des Schmarrns, den man mir servierte.

Der Stand der Dinge blieb, dass die griechische Seite weiterhin eine Umbenennung des mazedonischen Staatengebildes forderte, selbst aber keine Gegenvorschläge einbrachte und Mazedonien, wo es nur ging, auf internationaler Ebene boykottierte. Wobei die griechische Region Makedonien mit der mazedonischen Region Mazedonien wirtschaftlich schon längst stark verflochten war, ja die griechischen Unternehmen sogar die Hauptinvestoren in Mazedonien stellten. In Mazedonien insistierte man weiterhin darauf, dass man Mazedonien heiße, wurde aber bald gewahr, dass die nationalistischen Anstrengungen eines kleinen Vielvölkerstaates so künstlich daherkommen wie übergroße Statuen auf zu kleinen Plätzen. Außerdem wäre es viel einfacher, man würde begreifen, sich eingestehen, dass da *eine* historisch und geographisch bedingte Region auf *zwei* Staatsgebiete verteilt ist. So was soll vorkommen …

Inzwischen ist der Streit zwar vorläufig beigelegt, nicht jedoch der zugrunde liegende Konflikt. In Nordmazedonien regiert mittlerweile eine wesentlich kulantere Koalition, an der auch zwei albanische Parteien beteiligt sind, die mehr an Infrastruktur für die albanischsprachigen Gebiete interessiert sind als an antikisierenden Styroporfassaden an sozialistischen Wohnblöcken in der Hauptstadt. Auch in Griechenland haben sich die Wogen geglättet, die Skepsis gegenüber dem nordwestlichen Nachbarstaat und dessen freimütigen Umgangs mit geistigem Eigentum aber ist geblieben.

101. Grund

Weil eine Krise, die fortdauert, keine Krise im eigentlichen Sinne ist

Zurück im Hafengelände von Thessaloniki. Es herrscht sengende Hitze, die Luft steht und die Verladekräne schweigen immer noch, obwohl draußen in der Bucht vier Containerschiffe vor Anker liegen. Wahrscheinlich bringen sie Ware aus Fernost, Einwegbecher für den Caffè Freddo, billige Kleidung, Haushaltsartikel, und die Zollpapiere sind noch nicht unterzeichnet. Oder aber sie haben tiefgefrorenen Fisch geladen, der dann auf den Inseln landet und den Touristen serviert werden wird.

Das griechische Wort κρίσις oder *krisis* bezeichnet eine sich zuspitzende, problematische Situation, die nach Entscheidung verlangt (von gr. *krinein*: scheiden, trennen, auswählen). Die »griechische Krise« hat bereits das zehnte Jahr hinter sich. Sie ist also im Wortsinne gar keine Krise, sondern ein chronisch anmutender Kreislauf der mutwillig herbeigeführten Verarmung.

Es war in Deutschland nur eine Randnotiz wert, dass der Chef der griechischen Statistikbehörde, Andreas Georgiou, sich 2015 vor Gericht gegen den Vorwurf verantworten musste, die griechischen Verbindlichkeiten für das Jahr 2009 hochgerechnet und dergestalt den harten Sparmaßnahmen, die wiederum zu einem massiven Rückgang des Bruttosozialprodukts führten, den Weg geebnet zu haben. »Defizit zu hoch? Statistiker verklagen!« titelte damals ebenso höhnisch wie uninformiert die FAZ. Uninformiert deswegen, weil der Hinweis unterblieb, dass Georgiou bis zu seiner Amtsübernahme am 2. August 2010 mehr als zwanzig Jahre lang auf der Gehaltsliste des IWF stand – des Internationalen Währungsfonds also. Das ist zumindest bemerkenswert, weil der IWF aufgrund seiner Einlagen in den »Rettungsschirm« zu den Gläubigern Griechenlands zählt.

Ich saß vor Jahren mit Dionisis bei einem kühlen Vergina-Bier in einem Hof der ehemaligen Fix Brauerei. Dionisis hatte es sich einfallen lassen, fünf Jahre zuvor ein erstaunlich großes Areal der Brauerei zu mieten. Gebraut wurde an der Straße des 29. Oktobers bis zum Konkurs im Jahr 1983 (vgl. Grund Nr. 72). Im Hintergrund stehen die Kräne des Hafens still, es ist komplett ruhig, nichts wird verladen, nichts verschifft. Dionisis ist ein Freund der klaren Worte und vermutlich brachte er es besser auf den Punkt, als ich es jemals könnte: »They have been deliberately killing the market. They have been pushing people to close shops down. They were driving them out of the country.«

Dionisis sprach komplett nüchtern, ohne jede Bitterkeit. Und auch ohne sich lauthals zu empören, wie es so oft geschieht. Thessaloniki sei von Natur aus das Tor zum Balkan, das Vardartal führe nach Skopje, von dort ginge es bis nach Belgrad und Wien weiter. Dennoch würde alles still stehen. Alles, bis auf Dionisis. Der macht und tut und scheitert. Dann macht er weiter: Angefangen hat Dionisis mit Recycling. Er hat Müll angenommen und auf dem Areal im Hafen verwertet. Vieles hat er behalten. Eines Tages sei es zu spät geworden, um nach Hause zu fahren. Er hätte dann dort übernachtet. Und sei seitdem geblieben. »Upcycling« nennt er, was ich als Kraftakt bezeichnen würde: die Gebäude bewohnbar zu machen, Kojen für Gäste einzurichten, einen ganzen Theatersaal auf die Beine zu stellen, eine veritable Bibliothek mit weggeworfenen Büchern zu bestücken. Phänomenal. Dionisis hat Pläne, er ist ein Mann der Ideen und der Tat. Im Weg steht nur die Wirklichkeit.

Die Widerstände kommen nicht so sehr aus der Politik, die Widerstände kommen aus dem Verwaltungsapparat: kommen dadurch zustande, dass ein Behördenfürst »Nein« sagt zu einem Festival, das mit Bürgermeister und Kultusministerium längst abgesprochen war, für das es EU-Gelder gegeben hätte und Volontäre. Der Behördenfürst hätte ihm gesagt: Bürgermeister kämen und gingen, er selbst aber wäre in zwanzig Jahren immer noch da. Und er würde »Nein«

sagen, weil es ihm nicht passen würde, dass dort, wo auch ein paar schicke Nightclubs angesiedelt seien, so etwas stattfinde.

Dionisis ist nicht irgendwer. Er kennt diesen und jenen, so viel habe ich mitbekommen. Das Areal mietet er von seiner Familie, der es gehört. Die aber würden versuchen, jede bauliche Verbesserung dazu zu verwenden, höhere Miete zu verlangen. Die Korruption sei zu stark und viel zu fein gewebt, als dass man sie bekämpfen könnte. Beispielsweise diese »Luxussteuer«, die sie erfunden hätten, um Brüssel und Berlin zu befrieden. In der Theorie alles gut: Wer mehr als ein Haus besitzt, der soll zahlen. Aber: was passiert denn, wenn jemand aus Athen das Haus der Eltern auf der Peloponnes erben würde? Auf einmal hätte der zwei Häuser: eines, das er bewohnt, und ein unverkäufliches, altes Objekt irgendwo auf dem Land, um das er sich kümmern müsse. Die Luxussteuer aber würde trotzdem fällig, obwohl der Immobilienmarkt zusammengebrochen sei.

Oder dieses neue Gesetz, das noch in der Schublade sei, welches die Hühnerhaltung verbietet, genauer: die Hühnerhaltung auf ein Huhn pro Haushalt einschränken würde. Alles andere wäre dann gewerblich, müsste dann angemeldet und Kontrollen unterzogen werden, Steuern desgleichen. Noch sei es in der Schublade, denn es würde einen Aufstand auslösen auf dem Land. Wann der Siedepunkt erreicht sei, das wisse keiner. Der könne sich von einem Tag auf den anderen einstellen. Ob mir klar sei, dass es in Thessaloniki eine Jugendarbeitslosigkeit von 70 % gäbe? Die würden doch um ihr Leben betrogen. Ja, was sollten die denn machen, außer einem Aufstand, früher oder später?

102. Grund

Weil sich im Auto anzuschnallen einer Beleidigung des Fahrers gleich kommt

Ich kannte die genauen Regeln nicht, aber »zwei Haushalte« – da kommt in Griechenland richtig was zusammen: Dimitri wollte mich an einer Kreuzung abholen, und ich hielt Ausschau nach dem alten Pritschenwagen. Da kam er auch schon um die Ecke, Dimitri winkte heftig, die Beifahrertür schwang auf: »Junge!«

Ich griff instinktiv nach dem Gurt, zog diesen gerade heran, als Dimitri mit der Hand nach mir schlug, um dieses Unterfangen zu unterbinden. Sich anschnallen!? Als wäre ich im Taxi! Und das, wo wir uns so lange nicht gesehen hatten! Etwas so Formales wie Anschnallen, und das unter Freunden! Als würde ich ihm nicht trauen, wegen ihm auf Nummer sicher gehen und Vorsicht walten lassen … unmöglich!

Wir fuhren hinaus in die Vorstadt, zu einer Ouzeri, wo uns schon eine ganze trinkfreudige Runde erwartete, die Teller in der Mitte des Tisches. Selbstverständlich würde Dimitri mich anschließend auch wieder zurückbringen: Mit ein paar (nur ein paar!) Ouzo im Magen Auto zu fahren, ist doch keine Kunst, sich dabei nicht erwischen zu lassen, das ist die Kunst!

Für die neueren Gefährte, diese elektronisch-dominierten Karossen mit Display und Pipapo, hat man sich übrigens etwas einfallen lassen. Sie wissen schon, diese Autos, die ganz unanständig Alarm machen, wenn sich der Beifahrer nicht anschnallt.

Dimitri hat dafür folgende Lösung: Ein Plastikhaken wird statt des Gurtendes in die Halterung eingeführt. Und gut ist!

103. Grund

Weil das Buswesen Griechenlands eine hundertköpfige Hydra ist …

Anderntags sofort weiter, heftiger Kater … erst einmal quer durch die Stadt, hinaus zum Kuppeldom des makedonischen Zentralbusbahnhofs. Für Uneingeweihte gibt es dort eine kleine Überraschung und die besteht darin, dass man sich nicht irgendwo anstellen kann, wo Tickets verkauft werden, sondern ausschließlich dort, wo es das Ticket auch gibt, das man möchte. Dem griechischen Buswesen kommt die Herkulesaufgabe zu, jede kleinere Siedlung mit den Zentren zu verbinden. Dies geschieht erstaunlich pünktlich, ziemlich zügig und manchmal sogar mit WLAN. Wenn es mir dennoch einfällt, den nationalen Busservice KTEL (Abkürzung für *Kina Tamia Ispraxeon Leoforion*, was soviel wie *Gemeinsamer Verbund der Linienbusse* bedeutet) als Hydra zu bezeichnen, dann nicht aufgrund von dessen monopolistischer Stellung, sondern aufgrund der vielköpfigen Binnenorganisation. Es ist so: Wenn Sie wie ich von Thessaloniki nach Kavala reisen wollen, um von dort nach Thasos überzusetzen, dann brauchen Sie natürlich ein Ticket. Dies bekommen Sie im zentralen Omnibusbahnhof. Dort befinden sich über ein Dutzend Schalter, die jeweils für nur eine Linie zuständig sind. Richtig gelesen: Sie müssen erst den KTEL-Kavala-Schalter finden, nur dort bekommen Sie ein Ticket. Nicht jedoch an den anderen Schaltern. Die sind für andere Endstationen, Gebietseinteilungen und Richtungen zuständig: Einer für Xanthí, einer für Kilkis und ein anderer für die Chalkidiki. Wenn man zum Beispiel von Goumenissa im Landesinneren über Thessaloniki nach Kavala fährt, dann benötigt man zwei Fahrscheine: Einen von Goumenissa nach Thessaloniki und einen zweiten nach Kavala, den man erst in Thessaloniki erwerben kann. Im hallenartigen Rund des Busbahnhofs hat jede Linie zudem ihren angestammten Abfahrtsort und der wird nicht mit einer anderen geteilt. Der Bus nach Kavala fährt also immer dort ab, wo er abfährt.

Auf den jeweiligen Websites erfährt man (wenn überhaupt) nur die Abfahrtszeiten der jeweiligen Linie, jedoch keine weiteren Verbindungen oder Umsteigemöglichkeiten. Mit letzteren befasst man sich am besten gar nicht und fährt gleich ins nächste Zentrum, anstatt alles zu verkomplizieren und womöglich im Nirgendwo zu landen.

Über die weiterführenden und auch internationalen Verbindungen informiert die Website des zentralen Busbahnhofs, in unserem Fall also die des makedonischen in Thessaloniki (*ktelmacedonia.gr*), nicht aber die des gesamten KTEL-Verbandes (*ktelbus.com*).Auf letzterer sind lediglich jene einzelnen Genossenschaften aufgelistet, deren Dachverband die KTEL darstellt: eigenständige Königreiche mit eigenen Geschäftsführern und Vizegeschäftsführern, mit eigenen Schaltern, eigenen Fahrplänen und eigenen Websites, die manchmal gut, manchmal schlecht, manchmal gar nicht funktionieren und wenn überhaupt, dann meistens nur auf griechisch. Allein die Abfahrtszeiten in Erfahrung zu bringen, ist ein Geduldsspiel und meist durch einen Anruf schneller rauszubekommen, als durch das langwierige Konsultieren der Websites.

Diese Königreiche vollbringen das Phänomen, fast vollständig ohne Schnittstellen zu operieren – was man übrigens schon an der Taktung sieht: Die Lieblingsabfahrtszeit der Busse ist die halbe und die volle Stunde. Ich befürchte, dass in dieser mangelnden Zusammenarbeit bzw. der nicht vorhandenen Kommunikation die Ursache des reibungslosen Funktionierens des KTEL-Netzes liegt. Wer nichts abstimmen muss, dessen Abstimmung kann auch nicht fehlgehen: 4.000 Busse steuern täglich durch ganz Griechenland und kein einziger mit Verspätung – also von höherer Gewalt mal abgesehen.

... und damit eine Herkulesaufgabe darstellt

Die Hydra zu erledigen war übrigens wirklich eine Herkulesaufgabe, bzw. eine von den zwölf Aufgaben, die Herkules zu erledigen hatte. Herkules ist zwar ein Sohn des Zeus, jedoch unehelichen Ursprungs (die griechische Götterwelt ist im direkten Vergleich zum christlichen Gottvater eher liberal unterwegs) und muss daher eine Reihe an scheinbar unlösbaren Aufgaben meistern, um sich zu den Göttern zählen zu dürfen. Dies gelingt ihm durch planvolles Vorgehen oder durch List. Im Falle der Hydra verhindert er das Nachwachsen der Köpfe aus dem rinnenden Blut durch den Einsatz einer Fackel.

Bei der KTEL sind die ursprünglich 104 Genossenschaften immerhin durch Fusionen auf inzwischen 53 abgeschmolzen und es wachsen auch keine mehr nach. Und wo wir schon bei Herkules sind: Der Mann heißt eigentlich Herakles, der Name wurde nur latinisiert, Iraklio bzw. Heraklion auf Kreta ist nach ihm benannt, weil dem Mythos zufolge Herakles dort anlandete, um eine weitere Heldentat zu vollbringen. Der kraftstrotzende Kerl gilt in antiken Kreisen übrigens als etwas unbeherrscht, impulsiv und jähzornig – im Säuglingsalter soll er seiner Mutter so stark in die Brust gebissen haben, dass die Milch bis an den Himmel spritzte und heute noch als Milchstraße sichtbar ist, wirklich wahr! Als Jüngling erschlug er seinen Musiklehrer und widmete sich hinfort lieber den bekannten Herkulesaufgaben. Mit Erfolg übrigens, denn schlussendlich wird er in den Olymp aufgenommen und thront dort zusammen mit den zwölf olympischen Göttern noch heute.

Weil der Olymp mythisch ist, konkret und mehrere Anschriften hat

Die Erstbesteigung des Olymps, des höchsten Gebirges Griechenlands gelang erst 1913. Das Massiv ist auch im Sommer unberechenbar. An den fast 3.000 Meter hohen Gipfeln toben sich die Wetter aus. Phänomenale Gewitter entladen sich dort, Grund dafür ist das nahe Meer (zwanzig Kilometer Luftlinie) und die feuchten Luftmassen, die zuallererst auf den Gebirgsstock treffen, bevor es weiter landeinwärts gehen kann. Das Leuchten sieht man über hunderte von Kilometern, das Donnergrollen rollt über das Meer bis hin zum ersten Finger der Chalkidiki. Kein Wunder also, dass Zeus als Blitzeschleuderer gilt.

Zum offiziellen Wohnort der Götter wurde das Olympgebirge jedoch erst im Nachhinein – also zu einem Zeitpunkt, als die Götter-WG schon seit ein paar tausend Jahren bestand. Homer spricht noch vom *Oulumpos* und gleichzeitig auch vom *Ouranos* (also dem Himmel) als dem Aufenthaltsort der Götter, sodass damit kein konkreter Ort gemeint sein kann. Die jeweils höchsten Gipfel einer Gegend wurden deshalb gerne auf den Namen Olympos getauft. Auf Zypern (dort heißt der betreffende Berg heute noch so), auf der Peloponnes (heute das Lykaion-Gebirge) und innerhalb des einst griechischen Siedlungsraums am Marmarameer und bei Antalya (der heutige Uludağ und der Tahtalı Dağı). Überall dort oben, wo das Reich der Menschen endete, begann jenes der Götter. Der Olymp war also eigentlich ein metaphysischer Raum jenseits der Erde, der nachträglich auf die Berggipfel verlegt wurde und schließlich auf das zentralgriechische Bergmassiv desselben Namens.

Zwölf Götter bewohnen den Olymp: Zeus mit Gattin Hera, Aphrodite und Athene, Poseidon und Hermes, Demeter, Apollon, Artemis, Ares, Hephaistos und Hestia. Bei den olympischen Göttern handelt sich um die dritte Garnitur nach der Ursprungsbesetzung mit Gaia und Uranos und dem Interregnum von Kronos (vgl. Grund Nr. 30 und 31). Später ziehen noch Dionysos und Herkules (bzw. Herakles) mit hinauf, aber die gehören ebensowenig dazu wie Hades, der ja das gegenteilige Reich zu verwalten hat. Mehr als zwölf wäre unzulässig, denn das volle Dutzend steht Antike-übergreifend für Vollständigkeit. Die Dreizehn ist nur deshalb zur Unglückszahl geworden, weil sie einen Zähler mehr hat als die perfekte runde Zwölf.

106. Grund

Weil man die Fähre nehmen muss, um irgendwo anzukommen

Wie häufig bin ich schon von Kavala nach Prinos übergesetzt? Ein gutes Dutzend Mal bestimmt!

Die Überfahrt dauert knapp eineinhalb Stunden, die beiden Ölplattformen ziehen vorüber, Möwen begleiten das Schiff, die Insel kommt näher. Jedes Mal habe ich auf dieser Fähre sonderbare Gedanken. Beim allerersten Mal saß ich gespannt am Bug, als sich die Insel samt ihrer Berge aus dem frühsommerlichen Dunst schälte. Prinos kam in Sicht und ich dachte, diese Häuschen, das ist alles? Dann, bei der ersten Abfahrt von Thasos, blickte ich der mittlerweile vertrauten Silhouette lange nach, machte Rachoni aus, Skala Mariou, und bevor ich nach vorne wechselte, um der Stafette der Häuser Kavalas beim Wachsen zuzusehen, war mir, als verließe man mit der Insel eine ganze Welt. Dann der kurze Gang um den Hafen, die Fischerboote, die lange schon zurück waren, der Zwölf-Uhr-Bus nach Thessaloniki. Auf der Fähre dachte ich darüber nach, wie absurd es ist, dass gerade den Inseln im Zuge der Finanzkrise die vergünstigte Mehrwertsteuer gestrichen wurde. Das Leben, das auf den Inseln wegen der Transportkosten von vorneherein teuerer ist, günstiger zu gestalten, wäre sinnvoll, um die Leute zu halten.

Inzwischen denke ich, dass ich nur mittels einer Fähre nach Hause kommen kann: Ich muss auf einer Fähre sein, ich muss eine Überfahrt vor mir haben, um das Gefühl zu haben, ich käme irgendwo an. Eine Fähre ist das Verkehrsmittel schlechthin und Thasos wohl doch meine Insel der Sirenen. Und ich bin ihr erlegen.

Ich sah, wie das Wasser erst türkis schimmerte, dann von blau nach dunkelblau wechselte und schließlich fast violett leuchtete. Wer hatte behauptet, dort in der Tiefe des Ozeans, zwischen Thasos und dem Festlandgebirge würde Atlantis liegen? Weil es so flach ins Meer ginge, sowohl von Thasos aus, als auch vom gegenüberliegenden Nea Peramos. War es Stavros oder einer der Megalo Deutschen gewesen? Ich wusste es nicht mehr, aber ich habe nachgesehen: Keine Chance! Der Golf vor Kavala ist 200 Meter tief, geologische Auffälligkeiten in den letzten paar tausend Jahren keine – sieht man vom Süßwassereintrag und den von den Flüssen herangeschwemmten Sedimenten ab.

Dann Einfahrt in den Hafen von Skala Prinou. Ich kann Alex' Sprinter ausmachen, ich werde abgeholt. Die Fußpassagiere sammeln sich vor der Bugklappe, die Ketten rasseln, wir strömen auf den Kai. Thasos.

107. Grund

Weil Atlantis eine fixe Idee ist …

Es ist der Philosoph Platon, der die Geschichte von Atlantis um 400 vor Chr. in die Welt setzt. Er breitet sie als Parabel in zwei Schriften aus und schreibt, Atlantis habe jenseits der Säulen des Herkules gelegen, also jenseits von Gibraltar und damit dem Ende der Welt. Herkules hatte dort nämlich »Nicht mehr weiter« eingraviert, was in der lateinischen Übersetzung als »Non plus ultra« Karriere machte. Ein Titan namens Atlas hält gegenüber, also im heutigen Marokko, den Himmel davon ab, auf die Erde zu stürzen. Als »Meer des Atlas«, als *Atlantis thassala*, bezeichneten die antiken Griechen die unendliche Wasserfläche dahinter. Platon nennt das Inselreich, das er hinter die Grenzen der Welt verlegt, *Atlantis nesos*: Insel des Atlas. Schon durch diese utopische Verortung (gr. *topos* gleich Ort, *outopos* folglich Nicht-Ort) macht Platon klar, dass sein Atlantis eine Fiktion sein soll. Die Seemacht Atlantis dient ihm als fiktiver Gegenspieler der Landmacht Athen: Nach einem erfolglosen Angriff auf den Stadtstaat versinkt die Insel Platon zufolge innerhalb von 24 Stunden vollständig. Der Zorn der Götter trifft Atlantis, nichts davon bleibt übrig. Er macht die Rechnung jedoch ohne die Nachwelt, denn schon bald nach Platons Tod entbrennt ein lebhafter Streit darüber, ob es Atlantis wirklich gegeben habe oder nicht. Das Thema beschäftigt die antike Welt von Strabon bis Plutarch, wird dann aber völlig vergessen, bis mit der Renaissance die ganze griechische Antike wiederentdeckt wird. Und daraufhin nimmt der Mythos Atlantis so richtig Fahrt auf!

Allerdings geht es dabei weniger um die Ideenwelt Platons, sondern vielmehr um die konkrete Verortung von Atlantis. Zunächst galt das gerade »entdeckte« Amerika als heißer Kandidat. Die spanische Krone rechtfertigt so ihre Eroberungszüge und fügt ihrem Wappen ein »Plus ultra« hinzu. Die Kanarischen Inseln kommen ins Spiel, Helgoland wird ebenso in Betracht gezogen wie das untergegangene Troja, die Adriaregion und die Schwarzmeergebiete (bevor sich die Okkultisten des 19. Jahrhunderts des Themas annehmen und es esoterisch aufblähen). Und das sind nur ein paar Beispiele! Das Schwarzmeer als historischer Ort ist insofern interessant, weil um etwa 5600 v. Chr. massive Nachflutungen das gesamte Becken und damit die Küstenregion umgestaltet bzw. unter Wasser gesetzt haben. Hier könnte der Ursprung der zahlreichen Sintflut-Erzählungen liegen, von denen die Griechen als

Seefahrer und Kolonisten später gewiss erfuhren. Wahrscheinlicher ist aber, dass ein anderes geologisches Großereignis das Vorbild für Platons Untergang von Atlantis ist: der Untergang der minoischen Kultur und Santorins.

108. Grund

Weil Santorin das Ergebnis eines verheerenden Vulkanausbruchs ist

Santorin ist ein eigener Archipel und besteht aus der Hauptinsel Thira (altgr. *Thera*), der gegenüberliegenden kleineren Insel Thirasia und dem vulkanischen Felseneiland Asprosini. Letzteres ist ebenso unbewohnt, wie die beiden Inselchen, die sich zwischen den Hauptinseln befinden – mitten in der Caldera, dem Krater: Santorin ist das Ergebnis eines Vulkanausbruchs, einer riesigen Explosion, die um das Jahr 1600 v. Chr. stattgefunden haben muss. Diese ging nicht nur mit Ascheregen in einem Radius von mehreren hundert Kilometern einher, sondern hatte zudem eine bis zu 15 Meter hohe Flutwelle zur Folge, die sich als Tsunami über die umliegenden Inseln bis zum Festland und nach Kreta wälzte. Der Ausbruch begrub eine bronzezeitliche Stadtanlage im Süden Thiras, die heutige Ausgrabungsstätte von Akrotiri. Unter Bimsstein und Vulkanasche fand man ähnlich wie in Pompeji gut erhaltene Fresken, Vorratskammern und zweistöckige Gebäude: Merkmale einer bronzezeitlichen Hochkultur, ähnlich der minoischen auf Kreta und erwiesenermaßen mit dieser in regem Kontakt. Akrotiri und ganz Thera waren also ein prosperierender Teil der frühesten bekannten Hochkultur Europas. Zwei Hektar Akrotiris sind inzwischen freigelegt, man schätzt die Einwohnerzahl vorsichtig auf 1.500 bis 2.000 Menschen, andere Quellen sprechen von bis zu 9.000: Nach bronzezeitlichen Maßstäben eine Großstadt!

Der Niedergang der minoischen Kultur ab ca. 1500 v. Chr. gilt als rätselhaft und es ist nicht abwegig, die Ursache im Vulkanausbruch von Santorin zu vermuten. Nicht nur dass Flutwelle und Ascheregen auch auf Kreta Siedlungen und Felder auslöschten, mit Akrotiri fiel zudem der wichtigste Handelsstützpunkt weg: Santorin war, weil in einem Tag erreichbar, die Drehscheibe der Minoer in der Ägäis schlechthin.

Ein weiterer Hinweis darauf, wie umfassend die Katastrophe von Santorin gewesen sein muss, ist das anschließende Auftauchen von sogenannten Seevölkern, die über Jahrhunderte marodierend im östlichen Mittelmeer unterwegs waren, Städte angriffen und plünderten. Ägyptische Quellen legen nahe, dass diese Kräfte selbst dem Pharaonenreich gefährlich wurden. Dabei schien es sich nicht um eine ethnisch einheitliche Kohorte oder Streitmacht gehandelt zu haben, sondern vielmehr um entwurzelte Gemeinschaften, die, ihrer Lebensgrundlage beraubt, auf Raubzug gingen. Ob nun der Vulkanausbruch oder eine längere Dürreperiode ursächlich für die Verwandlung der griechischen Mittelmeergestade in den gegenwärtigen ariden Gürtel war, muss dahingestellt bleiben. Jedenfalls aber umfasste die Umwälzung zuerst die Minoer und dann die Mykener mit aller Wucht.

109. Grund

Weil man sich zumindest auf Santorin selbst seiner Sache ganz sicher ist

Es ist also wahrscheinlich, dass Akrotiri und der Untergang der minoischen Kultur Platon mehr als alles andere ein Vorbild für den Atlantis-Mythos waren. Auf Santorin ist man sich der Sache sicher und hat unlängst ein eigenes Museum eingerichtet, das stark auf Animation und Effekte setzt und das heutige Thira samt den Ausgrabungen von Akrotiri als Überbleibsel von Atlantis und damit die Inselbewohner als deren legitime Nachfahren begreift. Der Inseltourismus nimmt das Thema mit offenen Armen auf. So schön die Caldera ist, so gewaltig der Blick nicht nur in den Sonnenuntergang – so gut macht es sich, weitere Überreste Atlantis dort unten im Meer zu vermuten. Leicht inflationär wird mit dem Begriff gearbei tet, es gibt neben einem guten Dutzend »Atlantis«-Unterkünften und -Restaurants auch private Touren sowie Tauchgänge in historische Tiefen und neuerdings sogar Atlantis-Wein! Die Tauchausflüge mögen Anekdotisches zu Tage fördern, Atlantisches gewiss nicht: Jacques-Yves Cousteau hat dies bemerkenswert erfolglos versucht und 1,8 Millionen Dollar aus der griechischen Staatskasse verbraten – bevor er 1976 auf einer Pressekonferenz konstatiert, das Inselreich Atlantis sei ein Märchen und habe es nie gegeben. … habe es so nicht gegeben, wie von Platon beschrieben oder wie man sich das heute vorstellt, möchte man hinzufügen. Es handelt sich nur um so eine Idee.

Und wenn ich ganz unbescheiden zu guter Letzt noch meine ganz eigene Idee vortragen darf: Kreta selbst ist auch ein heißer Kandidat für das eigentliche Atlantis. Sicher: die Insel ist nicht untergegangen, das beweist ja die Möglichkeit, dort Urlaub zu machen. Aber die paradiesischen Beschreibungen von Atlantis, der Reichtum, die Fülle und der ein Jahrtausend anhaltende Frieden und nicht zuletzt die Abwesenheit von Endlichkeit (es gibt keine Grabsteine und kein Anzeichen dafür, dass Vergänglichkeit kulturell eine Rolle gespielt hat) – all das in Zusammenhang mit dem Knall von Santorin und dem anschließenden Untergang qualifiziert ebenfalls für einen weiteren Atlantis-Standort.

110. Grund

Weil Griechenland kein Land ist, sondern eine Idee

Ist nicht von mir, hat Yannis so gesagt. Genauer: »Über Griechenland willst du schreiben? … Junge! … Griechenland ist kein Land, Griechenland gibt es nicht. Es gibt die Republik Hellas, es gibt Saloniki und Thasos, es gibt den unendlichen Archipel, die Peloponnes und die Ionischen Inseln. Aber kein Griechenland. Griechenland, mein Freund, ist eine Idee.« Wenn es nach Yannis geht, dann kann man über Griechenland gar nicht schreiben. Yannis behauptet auch, die gesamte Küstenlänge Griechenlands würde nicht knapp 14.000 Kilometer betragen, wie es in den Büchern steht: »Die Frage ist doch, wie du misst! Misst du die Buchten nach, einzelne Felsen, jede Einkerbung? … die Küsten Griechenlands sind doch in Wahrheit unendlich lang!«

111. Grund

Weil morgen auch noch ein Tag ist

… wollte hier noch eine Quintessenz zum Besten geben, eine Schlussfolgerung ziehen und noch mindestens einen Schlüsselsatz formulieren. Passt aber grad schlecht, Alex drängelt und will in die Taverne – mach ich das dann halt morgen fertig …

Αυριο είναι μια άλλη μέρα.

Avrio enai mia alli mera.

Morgen ist auch noch ein Tag.

Epilog

»Und? … Schreibst Du wieder was?«

Ich nicke – ich schreibe immer was, genauso wie Stamatia immer kocht.

»Was schreibst du denn?«

Ich erkläre Stamatia das 111-Gründe-Projekt und auch, dass ich viel von Thasos erzählen werde, der Taverne und dem Leben hier. Vielleicht sogar von den Katzen.

»Nein, nicht die Katzen, das nicht. Manche Leute versteh'n nicht …«

Es dauert ein paar Tage, es ist spät am Abend und die Gäste sind schon weg, wir sitzen mit Yannis noch drinnen auf einen Tsipouro, müde lehnt Stamatia die Schulter an die Wand. Wieder will sie wissen, was genau ich schreibe. Ich antworte, ganz genau wüsste ich es noch nicht. Stamatia sagt, das sei doch ganz einfach, dann formuliert sie folgendes:

»Ich habe in einem kleinen Dorf gewohnt, in Klein-Kazaviti, Groß-Kazaviti ist um die Ecke. Da macht ein Freund von mir Wein und deswegen war ich dort. In diesem Dorf gibt es eine Taverne, die gehört Stamatia und Yannis. Die Taverne ist neu, weil es vorher gar keine Taverne gab, in Klein-Kazaviti. Nur Groß-Kazaviti hat schon immer eine Taverne gehabt. Deshalb haben Stamatia und Yannis eine Taverne in Klein-Kazaviti gebaut, mit dem Geld, das sie im Ausland verdient haben. Schnell kamen Gäste in die Taverne, Deutsche aus Groß-Kazaviti und Griechen vom Festland. Dann kamen wir dazu. Stamatia hat uns das alte Haus gegeben, das von ihrer Mutter. Dort wohnen wir. Es gibt gutes Wasser in Klein-Kazaviti, große Bäume, Gärten und Katzen …«

»Also doch Katzen?«

»Von mir aus, wenn du willst …«

Danke!

Ευχαριστώ πάρα πολύ!

Allen voran danke ich Alexander Heer, wegen dessen Einladung ich überhaupt erst auf Thasos gelandet bin. Erst durch die Aufenthalte, das Leben und die Arbeit dort, hat sich mir das Griechenland jenseits der Strände, der Sehenswürdigkeiten und Denkmäler, richtig erschlossen. Um etwas zu begreifen, muss man wohl erstmal bleiben und später wiederkommen, um erneut länger zu bleiben. Man muss mehrfach übersetzen, um wirklich dort gewesen zu sein. Dass dies in Kazaviti trotz der Abgeschiedenheit so einfach fällt, ist wiederum Stamatia und Yannis geschuldet – auch wegen deren Taverne, die zu meiner geworden ist. Dafür von Herzen Dank! Ebenso gilt mein Dank den restlichen Bewohnern von Mikro Kazaviti – nie war ich bei euch alleine! Sobald es drohte eintönig zu werden, rief Ingbert nach Sotiras – und für Ingberts Kochkünste laufe ich gerne über den Berg. Danke dafür und für so viel mehr!

Alexandra und Dimitri sind mir eine ähnliche Anlaufstelle in Limenas und Dimitri hat zahlreiche Hinweise zu diesem Buch beigesteuert: lieben Dank dafür!

Maria Dio wiederum vielen Dank für aufschlussreiche Tage in Goumenissa, die Ausflüge, die Einsichten und die Gastfreundschaft! Ebenso an Maria Ena und der *Griechischen Zentrale für Fremdenverkehr*, wegen denen ich in die Gegend gefunden habe, sie mir erschließen konnte.

Käpt'n Eddy habe ich durch Zufall in Südalbanien getroffen und wurde innerhalb zweier Tage dermaßen mit Wissen überhäuft, dass ich tagelang daran zu schreiben hatte.

Häufig sind es die Unterhaltungen, spontaner Input, welche das Schreiben bereichern, und das ist mir mehr als einmal passiert – am Strand, in der Taverne, auf dem Dach eines Hostels in Thessaloniki, am Strand in Südkreta – ohne dass ich mir Namen notiert hätte oder nachvollziehen könnte, wessen Beiträge wo Eingang fanden. Daher generell lieben Dank: für die grundsätzliche Offenheit, für die Gesprächsbereitschaft und für das außerordentliche hohe Vermögen an Selbstreflektion.

Susanne Pöverlein hat die einzelnen Texte noch während der Produktion gesichtet, korrigiert und kommentiert und damit einen ganz erheblichen Beitrag zu diesem Buch geleistet. Herzlichen Dank!

Bei Elton Toska in Fier, Südalbanien, habe ich die letzte Woche der Arbeit am Manuskript verbracht. Das war ziemlich großartig und ich danke ihm wie auch Ilir, Pirovino und Hasani! Und Nuscha natürlich genauso! ... wie arm wäre ich ohne euch alle: Danke für die Gastfreundschaft, das Verständnis und die Unterstützung auf den letzten Metern.

Und, last not least: Ihnen herzlichen Dank für all die Aufmerksamkeit. Danke, Leser!

γε ...!

Jörg Martin Dauscher

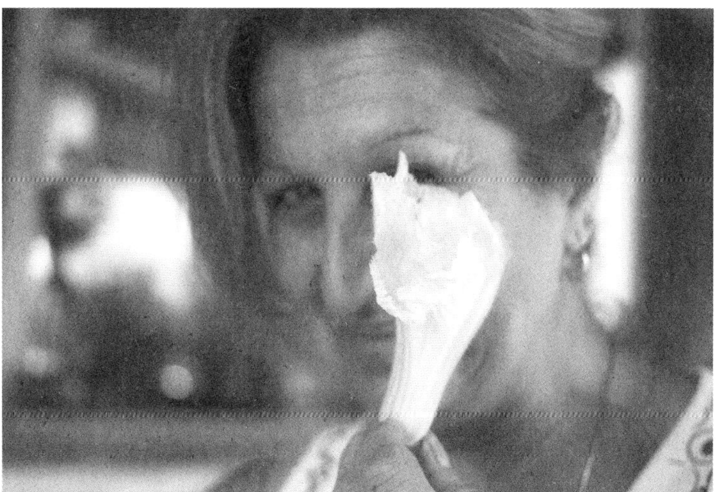

111 GRÜNDE:

REISE INTERNATIONAL: 111 GRÜNDE, GEORGIEN ZU LIEBEN • 111 GRÜNDE, DIE SCHWEIZ ZU LIEBEN • 111 GRÜNDE, ALBANIEN ZU LIEBEN • 111 GRÜNDE, CHINA ZU LIEBEN • 111 GRÜNDE, BULGARIEN ZU LIEBEN • 111 GRÜNDE, COSTA RICA ZU LIEBEN • 111 GRÜNDE, DIE SLOWAKEI ZU LIEBEN • 111 GRÜNDE, SINGAPUR ZU LIEBEN • 111 GRÜNDE, TSCHECHIEN ZU LIEBEN • 111 GRÜNDE, ARMENIEN ZU LIEBEN • 111 GRÜNDE, DUBLIN ZU LIEBEN • 111 GRÜNDE, ÄGYPTEN ZU LIEBEN • 111 GRÜNDE, DIE NIEDERLANDE ZU LIEBEN • 111 GRÜNDE, DIE UKRAINE ZU LIEBEN • 111 GRÜNDE, ARGENTINIEN ZU LIEBEN • 111 GRÜNDE, DIE TÜRKEI ZU LIEBEN • 111 GRÜNDE, SÜDAFRIKA ZU LIEBEN • 111 GRÜNDE, LONDON ZU LIEBEN • 111 GRÜNDE, NEW YORK ZU LIEBEN • 111 GRÜNDE, MALLORCA ZU LIEBEN • 111 GRÜNDE, DÄNEMARK ZU LIEBEN • 111 GRÜNDE, SCHWEDEN ZU LIEBEN • 111 GRÜNDE, FINNLAND ZU LIEBEN • 111 GRÜNDE, IRLAND ZU LIEBEN • 111 GRÜNDE, ISLAND ZU LIEBEN • 111 GRÜNDE, SCHOTTLAND ZU LIEBEN • 111 GRÜNDE, POLEN ZU LIEBEN • 111 GRÜNDE, PORTUGAL ZU LIEBEN • 111 GRÜNDE, AUSTRALIEN ZU LIEBEN • 111 GRÜNDE, NEUSEELAND ZU LIEBEN • 111 GRÜNDE, INDIEN ZU LIEBEN • 111 GRÜNDE, KUBA ZU LIEBEN • 111 GRÜNDE, RUSSLAND ZU LIEBEN • 111 GRÜNDE, FRANKREICH ZU LIEBEN • 111 GRÜNDE, ROM ZU LIEBEN • 111 GRÜNDE, ENGLAND ZU LIEBEN • 111 GRÜNDE, BRASILIEN ZU LIEBEN • 111 GRÜNDE, JAPAN ZU LIEBEN • 111 GRÜNDE, WALES ZU LIEBEN • 111 GRÜNDE, KANADA ZU LIEBEN • 111 GRÜNDE, ITALIEN ZU LIEBEN • 111 GRÜNDE, NORWEGEN ZU LIEBEN • **REISE DEUTSCHLAND:** 111 GRÜNDE, DEN RUHRPOTT ZU LIEBEN • 111 GRÜNDE, DIE NORDSEE ZU LIEBEN • 111 GRÜNDE, KÖLN ZU LIEBEN • 111 GRÜNDE, DAS RHEINLAND ZU LIEBEN • 111 GRÜNDE, THÜRINGEN ZU LIEBEN • 111 GRÜNDE, FRANKEN ZU LIEBEN • 111 GRÜNDE, BADEN ZU LIEBEN • 111 GRÜNDE, BAYERN ZU LIEBEN • 111 GRÜNDE, SACHSEN ZU LIEBEN • 111 GRÜNDE, HAMBURG ZU LIEBEN • 111 GRÜNDE, DIE PFALZ ZU LIEBEN • 111 GRÜNDE, SYLT ZU LIEBEN • 111 GRÜNDE, SCHWABEN ZU LIEBEN • **MUSIK:** 111 GRÜNDE, HIPHOP ZU LIEBEN • 111 GRÜNDE, HEAVY METAL ZU LIEBEN • 111 GRÜNDE, KLASSISCHE MUSIK ZU LIEBEN • 111 GRÜNDE, JAZZ ZU LIEBEN • **EROTIK:** 111 GRÜNDE, SM ZU LIEBEN • 111 GRÜNDE, OFFEN ZU LIEBEN • **HOBBY & FREIZEIT:** 111 GRÜNDE, SELBST ZU KOCHEN • 111 GRÜNDE, POKER ZU LIEBEN • 111 GRÜNDE, SCHACH ZU LIEBEN • 111 GRÜNDE, BÜCHER ZU LIEBEN • 111 GRÜNDE, DAS BÖSE ZU LIEBEN • 111 GRÜNDE, COMPUTERSPIELE ZU LIEBEN • 111 GRÜNDE, DIE EISENBAHN

JÖRG MARTIN DAUSCHER lebte lange in Berlin, bevor er 2016 seinen Job als Weinhändler hinschmiss und sich auf dem Balkan und in Georgien herumtrieb. Schließlich folgte er einem Ruf auf die makedonische Insel Thasos und hilft dort seitdem im Weinbau aus. Jörg Dauscher ist professioneller Ausländer und arbeitet nebenbei als Autor und Journalist.

Jörg Martin Dauscher
111 GRÜNDE, GRIECHENLAND ZU LIEBEN
Eine Liebeserklärung an das schönste Land der Welt

ISBN 978-3-86265-840-4

BILDNACHWEIS
Bildteile: © Jörg Dauscher. Außer: Bildteil 1, S. II unten, S. XII unten und oben, S. XVI sowie Bildteil 2, S. VI unten, S. VII, S. XIII oben und unten, S. XIV–XV, S. XVI: © Alexander Heer | Bildteil 2, S. V: © DimitriosPoulis – stock.adobe.com | Bildteil 2, S. X–XI: © Guillaume Malzac | **Kapitelaufmacher im Buch:** © Jörg Dauscher. Außer: 1., 3., 5.: © Alexander Heer, 6. Kapitel: Wikipedia | **Coverfotos:** Titelfoto: © Kerkez-Photography.com – stock.adobe.com | Bildleiste von oben nach unten: © Jenifoto – stock.adobe.com, © tilialucida – stock.adobe.com, © Leonid Andronov – stock.adobe.com, © Jörg Dauscher, © aetherial – stock.adobe.com, © irishmaster– stock.adobe.com, © Alexander Heer.

VERLAG
Schwarzkopf & Schwarzkopf Verlag GmbH
Kastanienallee 32, 10435 Berlin

INTERNET | E-MAIL
www.schwarzkopf-schwarzkopf.de
www.facebook.com/schwarzkopfverlag
info@schwarzkopf-schwarzkopf.de